簡単！楽しい！

シンプル英会話練習帳

平山 篤 著

はじめに

　語学は、本来スポーツや音楽同様楽しいものであるはずです。
　ですから英語を学ぶことを単に「つらい」「退屈」と感じていたら、それは進むべきコースを誤っているのかもしれません。必要以上に難しく考えると、前準備ばかりで、なかなか実際に話すところへ到達できません。

　「英語を話す」トレーニングというのは、もっと簡単に、そしてもっと楽しく行えるものではないでしょうか。
　本書でおすすめするのは「簡単！シンプル英会話」というメソッドです。
　この方法では、ポイントを以下の２つにしぼります。

① 　フレーズをインプットすれば、簡単！

　１つ目は、フレーズのインプットです。フレーズにはいろいろ定義があるのですが、本書では「基本的に２〜４語からなる意味のまとまり」と考えます。そのフレーズをインプット単位にすると、２つ３つ並べるだけで英文ができ上がります。
　また単語で英語を考えていくと、「曜日につける前置詞なんだっけ？」となるのですが、フレーズスタートなら、最初から前置詞 on がついていますから、その心配もないのです。
つまり、「難しい」という言葉が学習者から出にくい導入方法なのです。

② まとまった文をアウトプットすれば、楽しい！

　２つ目はまとまった文のアウトプットです。
　通常、表現集というとばらばらの文がリストアップされることが多いようです。しかし、ばらばらの文では達成感が得られにくく、せっかく学習を始めても飽きてきて途中で止めてしまいがちです。
　本書のゴールはあくまでも「まとまった文」です。本書では６文に設定しています。そうしたアプローチをとることで少し気持ちをこめながら、現場感覚で英語を話せるようになります。そして英語を話すとはこういう感覚なのかということも味わえます。

　「簡単！シンプル英会話」の勉強はこれだけです。
　つまり、フレーズをインプット、まとまった文をアウトプットです。
　まさに、簡単、シンプルですね。
　これなら「いつか」ではなく、「今すぐ」英語を話す体験ができます。

　このように本書では、皆さんが達成感を感じながら着実に進んでいけるルートを紹介します。もちろん結果が出ることが第一の目標ですが、そこまでの道のりも楽しいですよということを今回はお伝えしたいと思いました。

　途中の景色を楽しみながら山頂を目指す。
　そんな風に気長に本書に付き合っていただければ幸いです。

　　　　　　　　　　　　　　　　　　　　　　　　平山　篤

CONTENTS

はじめに 3

「簡単！シンプル英会話」の方法　10
「簡単！シンプル英文法」　14

UNIT1	自己紹介1（名前）	20
UNIT2	自己紹介2（趣味）	22
UNIT3	家族1（写真を探す）	24
UNIT4	家族2（写真を見せる）	26
UNIT5	結婚1（きっかけ）	28
UNIT6	結婚2（現状）	30
UNIT7	もてなし1（迎え入れる）	32
UNIT8	もてなし2（送り出す）	34
UNIT9	訪問1（玄関で）	36
UNIT10	訪問2（相手の家）	38
UNIT11	友人1（再会）	40
UNIT12	友人2（住んでいる場所）	42
UNIT13	友人3（他の友人について）	44
UNIT14	友人4（別れ）	46
UNIT15	天候1（雨）	48
UNIT16	天候2（梅雨明け）	50
UNIT17	天候3（暑さ）	52
UNIT18	天候4（雪）	54
UNIT19	道順1（道を教える）	56

UNIT20	道順2（地図を描く）	58
UNIT21	案内1（時間の約束）	60
UNIT22	案内2（場所の選択）	62
UNIT23	観光案内所1（ツアー）	64
UNIT24	観光案内所2（バス）	66
UNIT25	車1（購入）	68
UNIT26	車2（運転）	70
UNIT27	鉄道1（乗り間違え）	72
UNIT28	鉄道2（乗り換え）	74
UNIT29	外出1（公園）	76
UNIT30	外出2（モール）	78
UNIT31	映画1（誘う）	80
UNIT32	映画2（感想）	82
UNIT33	レストラン1（店を選ぶ）	84
UNIT34	レストラン2（注文）	86
UNIT35	レストラン3（伝える）	88
UNIT36	レストラン4（支払い）	90
UNIT37	持ち物1（カバン）	92
UNIT38	持ち物2（自転車）	94
UNIT39	金銭1（浪費）	96
UNIT40	金銭2（節約）	98
UNIT41	買い物1（選択）	100
UNIT42	買い物2（試着）	102
UNIT43	買い物3（購入）	104
UNIT44	買い物4（支払い）	106
UNIT45	本1（小説）	108
UNIT46	本2（徹夜）	110

UNIT47	テレビ1（ドラマ）	112
UNIT48	テレビ2（マンネリ）	114
UNIT49	ラジオ1（リラックス）	116
UNIT50	ラジオ2（一人暮らし）	118
UNIT51	音楽1（癒し系）	120
UNIT52	音楽2（動画）	122
UNIT53	音楽3（ピアノ）	124
UNIT54	音楽4（バンド結成）	126
UNIT55	DVD1（レンタル）	128
UNIT56	DVD2（コレクション）	130
UNIT57	コンピューター1（マニュアル）	132
UNIT58	コンピューター2（新型）	134
UNIT59	ゲーム1（夢中）	136
UNIT60	ゲーム2（意見）	138
UNIT61	スポーツ1（テニス）	140
UNIT62	スポーツ2（野球）	142
UNIT63	スポーツ3（苦手）	144
UNIT64	スポーツ4（ランニング）	146
UNIT65	ガーデニング1（花）	148
UNIT66	ガーデニング2（野菜）	150
UNIT67	家事1（取り決め）	152
UNIT68	家事2（分業）	154
UNIT69	コンタクトレンズ1（メリット）	156
UNIT70	コンタクトレンズ2（ケア）	158
UNIT71	虫歯1（歯痛）	160
UNIT72	虫歯2（予約）	162
UNIT73	風邪1（家族の風邪）	164

UNIT74	風邪2（自分の風邪）	166
UNIT75	入院1（見舞い）	168
UNIT76	入院2（退院）	170
UNIT77	健康管理1（生活）	172
UNIT78	健康管理2（ジム）	174
UNIT79	勉強1（友人と）	176
UNIT80	勉強2（一人で）	178
UNIT81	試験1（緊張）	180
UNIT82	試験2（点数）	182
UNIT83	英語1（リスニング）	184
UNIT84	英語2（ラジオ講座）	186
UNIT85	数学1（苦手）	188
UNIT86	数学2（教え方）	190
UNIT87	留学1（国）	192
UNIT88	留学2（費用）	194
UNIT89	出迎え1（初対面）	196
UNIT90	出迎え2（予定）	198
UNIT91	電話1（かける）	200
UNIT92	電話2（受ける）	202
UNIT93	プレゼン1（導入）	204
UNIT94	プレゼン2（資料）	206
UNIT95	プレゼン3（主張）	208
UNIT96	プレゼン4（結び）	210
UNIT97	交渉1（要求）	212
UNIT98	交渉2（対応）	214
UNIT99	謝罪1（謝る）	216
UNIT100	謝罪2（慰める）	218

目指せ100ユニットマスター　220
あとがきにかえて　221

「簡単！シンプル英会話」の方法

① 左上ページ

　フレーズが10前後並んでいます。いずれも2〜4語のサイズが基本になっています。「日本語→英語」をできるようにしましょう。あまり英語に自信がない人は左ページだけで、UNITを進んでいっても大丈夫です。

　またCDには日本語→ポーズ→英語が収められています。車や、電車の中、あるいは自室で日本語を聞いて英語が浮かんでくるか、クイズ感覚で試してみてください。

② 左下ページ

　上のフレーズについての文法解説や派生する内容が記されています。

　ここを読んで右ページに移っていく準備をしましょう。完成された英文をただ丸暗記するだけでは残念ながら英語を話せるようにはなりません。大切なのは、その仕組みを学んで自分で組み立てられることです。

　現時点で文法が苦手でも心配ありません。この後ろに英文法の大枠をまとめた「簡単！シンプル英文法」のページがあります。それに一回、目を通してスタートしましょう。

③ 右ページ（日本語を見ながら）

　さあ本番ページです。日本文が6行並んでいます。本を閉じてこれらを言えるようにするのが目標です。

　まずは日本文を見ながら言えるようにしましょう。楽器演奏に

例えれば「楽譜を見ながら弾く」練習です。右ページで出たフレーズを使えば文ができるようになっています。

④ 右ページ（本を閉じて）

次は本を閉じて行いましょう。つまり「暗譜して演奏する」練習です。これができれば、もう皆さんは「英語を話している」状態にあるのです。

またこのCDは英語のみです。というのも英語に対して「耳を慣らす」ことも大切なのです。相手の言ったことがわからなければ、会話は成り立ちません。ゆったりとしたポーズが入りますのでその間に英語を繰り返してみましょう。

いきなり英語だけですと、聞きとりにくいこともありますが、今回は左ページで登場するフレーズを身につけた後ですので、格段に聞きとりやすいと思います。

⑤ 話し手になりきって話してみましょう

本を閉じて英文を言う時、その状況をイメージしてください。

そして、その立場に「なりきって」誰かに話すように英語を言ってみましょう。これを繰り返すと現場で英語が出てくるようになります。

ですから本書はすべて「ダイアローグ（2人の対話）」ではなく「モノローグ（1人のセリフ）」形式です。現場でシナリオ通りに話が進むことはまずありません。それなら一方的に話す練習をしておいた方が効率的です。

繰り返しますが、大事なことは、あくまでも「その場にいるように」話すことです。ビジネス経験がない方も、自分がプレゼンをしている風景をイメージして英語を話すのは楽しいと思います。

⑥ 自作のヒントも有効

　一文につき一単語だけメモを取り、それを見ながら英文を言ってみるのもきわめて実践的です。言ってみれば「一単語英作文」です。

　思い出すうえで役立ちそうな単語をあらかじめリストアップする、そしてそれらを見ながら英文を言うというのも大変有効なメソッドなのです。

　これができるようになると、スピーチなどでも、原稿の英文を棒読みするのではなく、メモを見ながら英語で語れるようになります。こうなるともう「本格派」の仲間入りです。

⑦ How to から How many へ

　各ユニットの英文を「本を閉じて言う」ことができたら１ユニットマスターです。多少詰まっても「とりあえず言えた」と感じられれば合格です。

　ユニット数、つまり自分のレパートリーが増えていくと考えると、一歩一歩進む実感が得られ、その達成感が励みになります。

　どうすれば話せるか（How to）と延々悩むより、いくつユニットが話せるようになったか（How many）を数えていった方がはるかに楽しいです。そのユニット数に比例して皆さんの英語力が確実にアップしているのです。

　それでは、一緒に１００ユニットマスターを目指しましょう。

本書の CD の上手な使い方

　右ページは「気持ちを込めて」英文を言うために、「ゆったり」モードですが、左ページはリズミカルに進む「サクサク」モードになっています。次のように段階的に取り組まれると無理なくスムーズに進みます。

① 日本語 / 英語が聞こえた後にその英語を繰り返してみてください。本書のフレーズがどんどん皆さんの中に入っていきます。

② 聞き慣れてきたと感じたら、日本語が聞こえた後にフレーズを言ってみましょう。最初のうちはフレーズが浮かんでも、実際発音すると、後の英語と同時になるケースも多いと思いますが、それで問題ありません。そのまま続けてください。

③ さらに聞き続けると、フレーズを覚えてしまって、日本語の途中で英語を言い始め、ポーズの中に収められるようになります。これはフレーズが定着した証拠です。後の英語がかぶさってこないように反射的に英語を言う練習を楽しんでください。

　このように本書の CD はいろいろなパターンで利用できるように工夫されています。どうぞご活用ください。

「簡単！シンプル英文法」

文法も、「簡単！シンプル」に行きましょう。
細かくこだわりすぎるとわかりにくくなります。
全体を見渡しながら英語のルールを確認しておきましょう。
10の項目に分けて説明します。

[1] 一般動詞
まずは一般動詞から始めましょう。
その種類は現在形2つ、過去形1つ、未来形1つです。

主語	現在	過去	未来
I / You / 複数	play	played	will play
単数	plays		

過去形は go → went のように不規則なものもあります。

[2] 一般動詞（否定・疑問）
3時制を同時に見渡すと、否定文、疑問文は簡単に作れます。
すべて動詞の原形を使って以下のものを加えてください。

否定文

主語	現在	過去	未来
I / You / 複数	don't	didn't	won't
単数	doesn't		

　　例：I don't play tennis.

疑問文

主語	現在	過去	未来
I / You / 複数	Do	Did	Will
単数	Does		

例：Do you play tennis?

[3] be 動詞

be 動詞は現在形3つ、過去形2つ、未来形1つです。

主語	現在	過去	未来
I	am	was	will be
単数	is		
You / 複数	are	were	

[4] be 動詞（否定・疑問）

be 動詞の否定・疑問に do / does / did は不要です。

否定文は not を be 動詞の後ろにつけてください。

例：He is not (isn't) busy.

疑問文は be 動詞を先頭に置いてください。

例：Is he busy?

[5] 助動詞

上で使った will は助動詞です。

他に、must、should、may、can、could などがあります。

否定文や疑問文の作り方は be 動詞と同じです。

例：I can't swim.　Can you swim?

また助動詞の後の動詞は常に原形にしてください。

[6] 疑問詞
会話に疑問詞は欠かせません。まず疑問詞を置いて、そのあとに上で作った疑問文を続けてください。

例：What time did you visit him?

ただし疑問詞自身が主語の時は疑問文語順になりません。

例：Who came here yesterday?

[7] 動詞と準動詞の区別
動詞を追加したいときは、準動詞の形にします。

動詞		準動詞		
原形 / 現在形	過去形	done (過去分詞)	doing (ing 形)	to do (不定詞)
eat(s)	ate	eaten	eating	to eat

[8] done / doing / to do
準動詞の意味を見てみましょう。

done　　（〜される）
doing　　（〜している・〜すること）
to do　　（〜するため・〜すること）

形式主語（it is 〜 to do）
It is fun to swim.（泳ぐことはおもしろい）

前置詞の後ろは doing にする。
I'm interested in taking photos. （写真を撮ることに興味がある）

[9] 進行形・完了形
準動詞を be 動詞や have と一緒に動詞の位置で使うことがあります。

進行形「～している」（be 動詞 + ing 形）
I'm studying English now. （今英語を勉強している）

完了形「ずっとしている / したことがある / してしまった」
（have + 過去分詞）
I have stayed in Japan. （ずっと日本に滞在している）

（be 動詞 + 過去分詞）という受動態「～される」もありますが、会話では出番は比較的少ないです。
English is spoken there. （そこでは英語が話される）

to do を動詞部分で次のように使う形もあります。
I'm going to live in Nagano. （長野で暮らす予定だ）
I used to live in Nagasaki. （かつて長崎に住んでいた）

[10] 接続詞 / 間接疑問文 / 関係詞
最後に（主語・動詞）を追加する形を見てみましょう。

接続詞
I think that he is from Brazil. （彼はブラジル出身だと思う）

（主語・動詞を追加したい時はこの that のような接続詞を使う）

間接疑問文
I don't know who he is. （彼が誰だか知らない）
（疑問文が文の一部になる時、通常の語順、つまり is he でなく he is になる）

関係詞
I knew the man who came here. （ここに来た人を知っていた）
he のところを who にして（主語＋動詞）を追加
I saw the dog which was running there.
（そこを走っている犬を見た）
it のところを which にして（主語＋動詞）を追加
（この who / which は that でも代用可能）

以上です。
これでスタートの準備ができました。

Here we go !

簡単！楽しい！

シンプル英会話練習帳

UNIT 1 自己紹介1（名前）

フレーズを言ってみる！　　　　CD1-1　日本語→英語

1 みなさん、こんにちは	hi, everyone
2 はじめまして	nice to meet you
3 私の名前は	my name is
4 私を呼ぶ	call me
5 日本の大阪から	from Osaka, Japan
6 英語を勉強する	study English
7 ここシアトルで	here in Seattle

ポイント解説

4 call me (　　).
　(　　) 内に自分の愛称を入れてください。

5 地名は小さい順に並べてください。Osaka→Japan

6 「〜している」という意味の進行形を作るためには、be 〜ing の形にします。
　I'm studying English.

7 in Seattle だけでもいいのですが、その場所にいる時は前に here をつけて「ここ〜で」という形がよく用いられます。

英語で話してみよう！　■日本文を見て　■本を閉じて

みなさん、こんにちは。
はじめまして。
私の名前は佐藤健太です。
どうぞ、私のことはケンと呼んでください。
日本の大阪から来ました。
ここシアトルで英語を勉強しています。

CD1-2　英語

Hi, everyone.

Nice to meet you.

My name is Kenta Sato.

Please call me Ken.

I'm from Osaka, Japan.

I'm studying English here in Seattle.

さらにひとこと

「こちらこそ、よろしく」と言いたい時は、
　　　Nice to meet you, too.

UNIT 2 自己紹介2（趣味）

フレーズを言ってみる！　　　　　　　　CD1-3　日本語→英語

1　大のサッカーファン	big soccer fan
2　両方楽しむ	enjoy both
3　することと見ること	playing and watching
4　ギターを弾く	play the guitar
5　少し	a little
6　私の好きな音楽	my favorite music
7　それですべて	that's all
8　今のところ	for now
9　私について	about me
10　ありがとう	thank you

ポイント解説

1　a big (　　) fan
　　(　　) 内に選手の名前を入れて使うこともできます。

2、3　enjoy (　　　)
　　(　　) 内に sports のような名詞を入れることができますが、play のような動詞を入れる時は必ず ing 形にしてください。

10　スピーチの終わりは、このセリフで締めくくりましょう。

英語で話してみよう！　■日本文を見て　■本を閉じて

私は大のサッカーファンです。
私はそれをするのも見るのも両方を楽しんでいます。
そして、少しギターを弾くことができます。
私の好きな音楽はロックです。
ええと、私については今のところこれくらいです。
ありがとうございました。

CD1-4　英語

I'm a big soccer fan.

I enjoy both playing and watching it.

And I can play the guitar a little.

My favorite music is rock.

Well, that's all for now about me.

Thank you.

さらにひとこと

「料理が大好き」と言いたい時は、
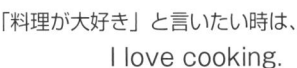

UNIT 3 家族1（写真を探す）

フレーズを言ってみる！　　　　　　　　CD1-5　日本語→英語

1 君に見せる	show you
2 私の家族の写真	photo of my family
3 それはどこ	where is it
4 とてもたくさんの写真	so many photos
5 私のスマートフォンに	on my smartphone
6 ここにある	here it is
7 見てみる	take a look
8 これは〜だ	this is

ポイント解説

1 何かを見せる時は、
　show you (もの) か、show (もの) to you の語順になります。

5 電話やPCなどにつける前置詞も on です。
　on my PC

6 ものを見つけた時の決まり文句です。

7 さらに名詞をつなぐ時は at を使います。
　Take a look at this photo.

8 そばにいる人を紹介する時も this is を使います。
　This is my brother Mike.（兄のマイクです）

24

英語で話してみよう！　■日本文を見て　■本を閉じて

君にうちの家族の写真を見せてあげるよ。
ええと、どこにいったかなあ。
スマホに写真をたっぷり入れているんだ。
オーケー、ここにあった。
ちょっと見て。
これがうちの家族だよ。

CD1-6　英語

I will show you a photo of my family.

Well, where is it?

I have so many photos on my smartphone.

OK, here it is.

Take a look.

This is my family.

さらにひとこと

「その写真が消えた」と言いたい時は、
　　　The photo is gone.

25

UNIT 4 家族２（写真を見せる）

フレーズを言ってみる！　　　　　CD1-7　日本語→英語

1 私の隣に	next to me
2 学校の先生	school teacher
3 私の左側に	on my left
4 銀行で働く	work for a bank
5 Tシャツを着ている	in the T-shirt
6 高校に行く	go to high school
7 私の故郷で	in my hometown

ポイント解説

1 私の前なら in front of me
　私の後ろなら behind me
　私の向かい側なら across from me と言います。

3 「側」（side）を表す時には、このように on を使います。
　たとえば「私は君の味方」は、
　I'm on your side と言います。

5 衣類は in を使います。たとえば、「私は着物を着ていた」は、
　I was in a kimono.

英語で話してみよう！ ■日本文を見て ■本を閉じて

僕の隣の女性が母親のメアリー。
彼女は学校の先生をしている。
そして僕の左側の男性が父親のトム。
彼は銀行で働いている。
そのＴシャツを着た男の子が弟のジム。
彼はまだ故郷で高校に通っている。

CD1-8　英語

The woman next to me is my mother Mary.

She is a school teacher.

And the man on my left is my father Tom.

He is working for a bank.

The boy in the T-shirt is my brother Jim.

He is still going to high school in my hometown.

さらにひとこと

「姉はこの写真にはいない」と言いたい時は、
　　　My sister is not in this picture.

UNIT 5 結婚1（きっかけ）

> フレーズを言ってみる！　　　　　　　　CD1-9　日本語→英語

1 妻と2人の子	wife and two children
2 ずっと結婚している	have been married
3 10年間	for ten years
4 私の妻に会う	meet my wife
5 大学で	in college
6 テニス部の中に	in the tennis club
7 明るくて親しみやすい	cheerful and friendly
8 そしてそれから	and then
9 付き合う	go out together

ポイント解説

2 「ずっと〜」という意味の現在完了形は (have + 過去分詞) です。
また「〜と結婚している」と言う時は to を使います。つまり、
be married to (人) という形になります。
「〜と結婚する」と言う時は、
marry (人) あるいは get married to (人) です。

9 go out には単に外出だけでなく、「付き合う」という意味もあります。

| 英語で話してみよう！　■日本文を見て　■本を閉じて |

私には妻と2人の子供がいます。

私達は結婚して10年になります。

妻とは大学で出会いました。

2人ともテニス部に入っていたんです。

彼女は明るくて親しみやすかったですね。

そして、それから私達は付き合い始めました。

CD1-10　英語

I have a wife and two children.

We have been married for ten years.

I met my wife in college.

We were both in the tennis club.

She was cheerful and friendly.

And then we started going out together.

さらにひとこと

「結婚してくれませんか」と言いたい時は、
　　　　Will you marry me?

UNIT 6 結婚2（現状）

フレーズを言ってみる！　　　CD1-11　日本語→英語

1　私は思う	I think
2　幸せな結婚	happy marriage
3　もちろん	of course
4　時々口論する	quarrel sometimes
5　しかし基本的に	but basically
6　仲良くやる	get along well
7　私の妻は妊娠している	my wife is pregnant
8　5人いる	there are five
9　私の家族の中に	in my family
10　待ちきれない	can hardly wait

ポイント解説

2 「幸せな生活を送っている」と言う時は、
　 lead a happy life です。

4 動詞を強調する時は do をその動詞の前に置きます。
　 do quarrel

10 hardly は「ほとんどない」という意味の副詞です。
　　単に I can't wait と言うこともできます。

英語で話してみよう！　■日本文を見て　■本を閉じて

私達は幸せな結婚をしていると思います。
もちろん、時には実際けんかしますよ。
でも基本的には一緒に仲良くやっています。
それと、今妻は妊娠中なんです。
それで、もうすぐ家族は5人になります。
待ちきれません。

CD1-12　英語

I think we have a happy marriage.

Of course, we do quarrel sometimes.

But basically, we get along well together.

And now my wife is pregnant.

So there will be five in my family soon.

I can hardly wait!

さらにひとこと

「私は昨年離婚した」と言いたい時は、
　　　I got divorced last year.

31

UNIT 7 もてなし1（迎え入れる）

フレーズを言ってみる！　　　CD1-13　日本語→英語

1 困る	have trouble
2 この場所を見つける	find this place
3 入ってくる	come in
4 腰を下ろす	have a seat
5 くつろいでください	make yourself at home
6 欲しい	would like
7 何か飲むもの	something to drink
8 いくらか持ってくる	bring some
9 すぐに	right away

ポイント解説

1 「トラブルが生じる」と言う時は下の形を用いてください。
　have trouble with the car（名詞の場合）
　have trouble doing it（動詞の場合）

5 同じ意味で、make yourself comfortable もよく使います。
　comfortable は「快適な」という意味です。

7 Yes を前提とした質問では any ではなく some が用いられます。

8 some の後には相手の言った名詞（coffee など）が省略されています。

英語で話してみよう！　■日本文を見て　■本を閉じて

この場所を見つけるのに苦労しませんでしたか？
どうぞ、入ってください。
どうぞ、かけてください。
おくつろぎください。
何か飲み物はいかがですか。
わかりました。すぐに持ってきます。

CD1-14　英語

Didn't you have trouble finding this place?

Please come in.

Please have a seat.

Make yourself at home.

Would you like something to drink?

Sure, I'll bring some right away.

さらにひとこと

「コーヒーをもらえますか」と言いたい時は、
　　　Can I have some coffee?

UNIT 8 もてなし2（送り出す）

フレーズを言ってみる！　　　　　　　CD1-15　日本語→英語

1 行かなくてはいけない	have to go
2 もっと長居をする	stay longer
3 わかりました	I see
4 ～をありがとう	thank you for
5 今日来る	come today
6 集まる	get together
7 またすぐに	again soon
8 ～によろしくと言う	say hello to
9 私に代わって	for me

ポイント解説

1 「残念だけど、そろそろ帰らなくては」という時は、
　I'm afraid I have to go now と言います。

2 これに can't you をつけて否定疑問文にします。
　否定疑問では答え方で戸惑うこともありますが、
　相手が Can you と言おうが Can't you と言おうが関係ないのです。
　自分が言う文が肯定文なら Yes、否定文なら No です。例えば
　Can't you swim?　No, I can't swim.

4 前置詞（ここでは for）の後に動詞を置く時は ing 形にします。

英語で話してみよう！ ■日本文を見て ■本を閉じて

もう帰らなくてはいけませんか。
もう少しいられませんか。
なるほど、わかりました。
今日は来てくれてありがとうございます。
すぐにまた集まりましょう。
私に代わって、ご家族によろしく伝えてください。

CD1-16　英語

You have to go already?

Can't you stay longer?

Oh, I see.

Thank you for coming today.

Let's get together again soon.

Say hello to your family for me.

さらにひとこと

「話ができてうれしかった」と言いたい時は、
　　　Nice talking with you.

35

UNIT 9 訪問1（玄関で）

フレーズを言ってみる！　　　CD1-17　日本語→英語

1　私は望む　　　　　　　　I hope

2　早すぎる　　　　　　　　too early

3　私を招待する　　　　　　invite me

4　これはあなたに　　　　　this is for you

5　日本の酒　　　　　　　　Japanese sake

6　一度私に言った　　　　　once told me

7　それが好き　　　　　　　like it

8　この銘柄を試す　　　　　try this brand

ポイント解説

1、2　あまり早く着きすぎても相手は困ります。それを気遣って
　　　I hope I'm not too early と言います。

4　人にものを渡す時の決まり文句です。
　　This is for your wife（これは奥さんへ）といった使い方もできます。

8　試しに食べたり飲んだりする時は try を使います。
　　Please try this.（これを食べてみてください）
　　また、ここでは完了形が使われています。
　　ever は「今までに」という意味です。

英語で話してみよう！ ■日本文を見て ■本を閉じて

こんにちは。早すぎていなければいいのですが。
今日はご招待ありがとうございます。
これはあなたに。
日本のお酒です。
一度私にそれが好きって言ったでしょう。
この銘柄を飲んでみたことがありますか？

CD1-18　英語

Hello. I hope I'm not too early.

Thank you for inviting me today.

This is for you.

It is Japanese sake.

You once told me you like it.

Have you ever tried this brand?

さらにひとこと

「ご親切にどうも」と言いたい時は、
　　　That's very kind of you.

UNIT 10 訪問2（相手の家）

フレーズを言ってみる！　　　CD1-19　日本語→英語

1　美しい家	beautiful house
2　ロケーションが〜だ	the location is
3　〜に近い	close to
4　大通り	the main street
5　とても静か	very quiet
6　海が見える	see the sea
7　窓から	from the window
8　それは素晴らしい	that's great
9　約半分の大きさ	about half the size
10　あなたのものの	of yours

ポイント解説

1　相手の持ち物について語る時は You have から始めると楽に言えます。

3　close の発音に気をつけてください。
「閉じる」は [klouz] と音が濁りますが、「近い」は [klous] で濁りません。
また、車がぶつかりそうだった時など「近い」を使って
That was close（危なかった）と言います。

9、10　half as big as yours という言い方もできます。

英語で話してみよう！ ■日本文を見て ■本を閉じて

美しいお宅ですね。
そしてロケーションもとてもいいですね。
大通りに近いのに、とても静かで。
ああ、窓から海が見えるんですね。
素晴らしいですね。
うちの庭なんて、こちらの半分くらいの大きさですよ。

CD1-20　英語

You have a beautiful house.

And the location is very nice.

It's close to the main street, but very quiet.

Oh, you can see the sea from the window.

That's great.

My garden is about half the size of yours.

さらにひとこと

「それはうちの2倍近い大きさだ」と言いたい時は、
　　　It's almost twice the size of ours.

UNIT 11 友人1（再会）

フレーズを言ってみる！　　　CD1-21　日本語→英語

1 君なのか	is that you
2 ケンだよ	it's Ken
3 私のことをわかる	recognize me
4 久しぶり	long time no see
5 元気だった？	how have you been
6 まったく変わってない	haven't changed at all
7 時間がある	have time
8 コーヒーのための	for coffee
9 あるいは何か	or something

ポイント解説

3 この recognize と realize はよく間違えます。
「あの人だ」と見分けがつく時が recognize です。
他方、realize は「悟る」という意味です。

4 文法的に見ると変な語順ですが、よく使います。完全文にすると、
I haven't seen you for a long time となります。

5 How are you を完了形にしたものです。

6 強く否定する not at all (まったく〜でない) が入った完了形です。

9 名詞の後にちょっと付け足す言葉で便利な表現です。

英語で話してみよう！ ■日本文を見て ■本を閉じて

君なのか、ジョン。
ケンだよ。僕のことわかる？
久しぶりだね。
元気だったかい。
全然変わってないじゃないか。
コーヒーか何か飲む時間はある？

CD1-22　英語

Is that you, John?

It's Ken. Do you recognize me?

Long time no see.

How have you been?

You haven't changed at all.

Do you have time for coffee or something?

さらにひとこと

「前回会ったのはいつだっけ？」と言いたい時は、
　　　When did we meet last?

UNIT 12 友人2（住んでいる場所）

フレーズを言ってみる！　　　CD1-23　日本語→英語

1	この近所に	in this neighborhood
2	ここに引っ越す	move here
3	先月	last month
4	～はいかがですか	how about
5	あなたを連れてくる	bring you
6	君も	you, too
7	なんて偶然	what a coincidence
8	訪ねてくる	come and visit

ポイント解説

1 「近所の人」なら my neighbor です。

2 here や there は副詞なので to は不要ですが、名詞には to が必要になります。例えば move to Tokyo となります。

5 what をつけると「訪問の目的」を尋ねる時の決まり文句になります。直訳すると「何が君をここに連れてくる」となります。

7 この後によく「世間は狭いね」と続きます。それを英語で言うと、It's a small world です。

英語で話してみよう！ ■日本文を見て ■本を閉じて

僕はこの近所に住んでいるんだよ。
先月ここに引っ越したばかりだよ。
君の方こそ、どうしたの？
どうしてここに来てるんだい。
君もなのか？　そりゃあ偶然だね。
いつか家に来てくれよ。

CD1-24　英語

I'm living in this neighborhood.

I just moved here last month.

How about you?

What brings you here?

You, too? What a coincidence!

Come and visit us sometime.

さらにひとこと

「仕事でこの町に来ている」と言いたい時は、
　　I'm visiting this town on business.

UNIT 13 友人3（他の友人について）

フレーズを言ってみる！　　　CD1-25　日本語→英語

1　〜について聞く	hear about
2　偶然彼女に会う	happen to meet her
3　彼女が言った	she said
4　ロサンゼルスに引っ越す	move to LA
5　いや、本当に	no, seriously
6　私は冗談を言っていない	I'm not kidding
7　彼女の仕事を辞める	quit her job
8　彼女自身のビジネスを始める	start her own business

ポイント解説

2　happen to do はよく使う形で、「ひょっとして〜知ってる？」は、
　Do you happen to know 〜?　と言います。

4　「近い未来」は現在進行形が使えます。
　The train is leaving soon.（その列車はすぐに出ます）

5、6　「からかわないで」と言う時は No kidding. と言います。
　それに対して「真面目に言っている」と言う時は、
　I'm serious と言います。

7　定年で辞める時は retire from her work です。

英語で話してみよう！ ■日本文を見て ■本を閉じて

キャシーについて聞いた？
たまたまモールで彼女に会ったんだけど。
ロサンゼルスに引っ越すって言ってたよ。
いや、本当に。冗談じゃなくて。
彼女、仕事はすでに辞めているらしい。
自分のビジネスを立ち上げるんだって。

CD1-26　英語

Did you hear about Cathy?

I happened to meet her in the mall.

She said she's moving to LA.

No, seriously. I'm not kidding.

She has already quit her job.

She's starting her own business.

さらにひとこと

「たまたま、その噂を聞いた」と言いたい時は、
　　　I happened to hear the rumor.

UNIT 14 友人4（別れ）

フレーズを言ってみる！　　　　CD1-27　日本語→英語

1 いろいろありがとう	thank you for everything
2 あなたを恋しく思う	miss you
3 ～と連絡を取り合う	keep in touch with
4 お互い	each other
5 私の電話番号	my phone number
6 私に電話する	call me
7 いつでも	any time
8 働きすぎる	work too hard

ポイント解説

1 別れる時の決まり文句です。

3 「連絡を取る」は get in touch です。

4 3人以上になると「お互い」には one another を使うことが多いです。

5 この後に、right をつけると「でしょう？」と念を押す感じになります。

7 any time と言うと「どんな時でもいいから」となります。
　それに対して every time は「毎回」という意味です。

8 Don't work too hard は「働きすぎるなよ」と、よく冗談っぽく使われます。

46

英語で話してみよう！ ■日本文を見て　■本を閉じて

いろいろありがとう。
あなたがいなくなると寂しくなるなあ。
お互い連絡を取り合いましょう。
私の電話番号は持ってるでしょう？
いつ電話してきてもいいから。
それと、頑張りすぎないようにね。

CD1-28　英語

Thank you for everything.

I will miss you.

Let's keep in touch with each other.

You have my phone number, right?

You can call me any time.

And don't work too hard.

さらにひとこと

「気をつけてね」と言いたい時は、
　　　Take care.

UNIT 15 天候1（雨）

フレーズを言ってみる！　　　　　　　　　CD1-29　日本語→英語

1 雨が降り始める	it starts raining
2 天気予報	weather forecast
3 正しかった	was right
4 それが言った	it said
5 夕立がある	have a shower
6 晴れていた	it was sunny
7 今朝	this morning
8 傘を持ってくる	bring an umbrella
9 雨の中を歩く	walk in the rain

ポイント解説

1 いろいろな天候は主語を it にして表現できます。it is の後に、sunny（晴れ）、cloudy（曇り）、rainy（雨）、snowy（雪）などを続けてください。

5 we have を使っても天候を表せます。例えば we have の後に、snow（雪）、rain（雨）などを続けてください。
　また夕立については天気予報などでは、
　　1、2回という意味でよく have a shower or two という言い方をします。

6 この前の though は接続詞「〜だけれど」。

8 bring は「持ってくる」、take は「持っていく」です。

英語で話してみよう！　■日本文を見て　■本を閉じて

雨が降り始めた。
天気予報は当たったね。
1、2回夕立があると言っていた、
今朝は晴れていたんだけど。
だから傘を持ってきたよ。
雨の中を歩くのは好きだよ。

CD1-30　英語

It started raining.

The weather forecast was right.

It said we would have a shower or two,

though it was sunny this morning.

So I brought an umbrella.

I like to walk in the rain.

さらにひとこと

「雨がやんだ」と言いたい時は、
　　The rain let up.

UNIT 16 天候2（梅雨明け）

フレーズを言ってみる！　　　　　　CD1-31　日本語→英語

1 いい天気の日	beautiful day
2 私はうれしい	I'm glad
3 梅雨が終わる	the rainy season is over
4 この天気が好き	like this weather
5 暑すぎる	too hot
6 寒すぎる	too cold
7 非常にさわやかな	so refreshing
8 私は望む	I hope
9 この天気が続くだろう	this weather will continue

ポイント解説

3、9 これらの前には接続詞 that が省略されています。

7 ある事柄が人の感情を引き起こす時、ing と ed の使い分けが必要です。
（文法的に言うと、ing 形と過去分詞の区別）
たとえば右ページのように事柄を主語にする時は refreshing ですが、人を主語にして「さわやかな気分だ」と言いたい時は、過去分詞で、I feel refreshed とします。

英語で話してみよう！　■日本文を見て　■本を閉じて

いい天気だね。
梅雨が終わってうれしいよ。
こんな天気はいいなあ。
暑すぎないし、寒すぎることもない。
とてもさわやかだね。
この天気が続いてほしいな。

CD1-32　英語

It's a beautiful day.

I'm glad the rainy season is over.

I like this weather.

It's not too hot and not too cold.

It's so refreshing.

I hope this weather will continue.

さらにひとこと

「梅雨の入りが早い」と言いたい時は、
　　　The rainy season set in early.

UNIT 17 天候3（暑さ）

フレーズを言ってみる！　　　　　　　　CD1-33　日本語→英語

1　暑い日	hot day
2　この暑さを我慢できない	can't stand this heat
3　とても蒸し暑い	very humid
4　さらに悪いことに	what's worse
5　壊れている	be broken
6　したい気がする	feel like
7　何もしない	do nothing
8　一緒に〜しましょうか	shall we
9　カフェに行く	go to a café

ポイント解説

1　「なんて〜」という意味の感嘆文を作ります。
　　名詞を含めない場合は how で How hot!
　　day のような名詞を含める場合は what で What a hot day! となります。

3　hot（暑い）と humid（蒸し暑い）は使い分けてください。

4　単に「さらに」であれば、what's more になります。

6、7　feel like の後に動詞を置く時は ing 形にしてください。

英語で話してみよう！　■日本文を見て　■本を閉じて

なんて暑い日なんだ。
この暑さは我慢できない。
しかも、とても蒸し暑いときている。
さらに悪いことに、エアコンは壊れている。
今日は何もする気がしないな。
カフェへでも行こうか。

CD1-34　英語

What a hot day!

I can't stand this heat.

Besides, it's very humid.

What's worse, the air conditioner is broken.

I feel like doing nothing today.

Shall we go to a café?

さらにひとこと

「40℃近くあるに違いない」と言いたい時は、
　　　It must be almost 40 degrees Celsius.

UNIT 18 天候4（雪）

フレーズを言ってみる！　　　CD1-35　日本語→英語

1 寒くなる	get cold
2 最近	these days
3 冬がやってきた	winter has come
4 気にしない	don't mind
5 ウインタースポーツが大好き	love winter sports
6 降雪を待つ	wait for snowfall
7 ～かどうか疑問に思う	wonder if
8 雪が降るだろう	it will snow

ポイント解説

1 徐々に進行する時は、まさに進行形の出番です。
　また寒暖の主語は it にしてください。

2 in those days なら「当時」という意味になります。

3 「～してしまった」という完了の意味を表す現在完了形です。

4 mind の後に動詞をつなぐ場合は ing 形にしてください。
　I don't mind working.（働くのは嫌じゃない）

7 ここの if は「もし」ではなく、「～かどうか」を意味します。
　「疑問に思う」という意味の wonder と相性がいいです。

英語で話してみよう！　■日本文を見て　■本を閉じて

最近寒くなってきたね。
ようやく冬になった。
でも寒さは気にならないよ、
だってウインタースポーツが大好きだから。
雪が降るのが待ちきれないよ。
今夜雪が降るかなあ。

CD1-36　英語

It's getting cold these days.

Finally winter has come.

But I don't mind the cold,

because I love winter sports.

I can't wait for snowfall.

I wonder if it will snow tonight.

さらにひとこと

「もうすぐ春がやってくる」と言いたい時は、
　　　　Spring will be here soon.

UNIT 19 道順1（道を教える）

フレーズを言ってみる！　　　　CD1-37　日本語→英語

1 何か手伝いが必要だ	need some help
2 わかりました、それなら	all right, then
3 この道に沿って行く	go along this street
4 右に曲がる	turn right
5 2番目の角を	at the second corner
6 3区画歩く	walk three blocks
7 病院が見える	find a hospital
8 あなたの左側に	on your left
9 その店は	the shop is
10 それの隣	next to it

ポイント解説

1 ここでは「お手伝いしましょうか」の Can I help you? も使えます。相手は「道に迷った」という意味で、I'm lost. と言うかもしれません。

4 turn to the right と言うこともできます。

5 「その店は角にある」と言う時は The shop is on the corner です。

7 何か目につくものを教える時は、この表現を使ってください。

英語で話してみよう！　■日本文を見て　■本を閉じて

何かお手伝いが必要ですか。
わかりました、それならこの道に沿って行ってください。
そして2番目の角を右に曲がってください。
3区画ほど歩いてください。
左手に病院が見えますから。
その店はその隣です。

CD1-38　英語

Do you need some help?

All right, then go along this street.

And turn right at the second corner.

Walk three blocks.

You'll find a hospital on your left.

The shop is next to it.

さらにひとこと

「駅への道を教えてもらえますか」と言いたい時は、
　　　Could you tell me the way to the station?

UNIT 20 道順2（地図を描く）

フレーズを言ってみる！　　　　　　CD1-39　日本語→英語

1 少し複雑な	a little complicated
2 ペンか何か	pen or something
3 あなたに地図を描く	draw you a map
4 それが、より簡単だろう	that'll be easier
5 あなたにとって	for you
6 そこへ行く	go there
7 バスで	by bus
8 10分の歩き	ten-minute walk

ポイント解説

1 complicated はちょっと難しい単語ですが、コンプレックス（complex）の関連語です。対義語は simple です。

3 文字を書く時は write で、線を描く時は draw です。

4 that is を未来形にして that'll be、easy を比較級にして easier。

8 minute に複数の s がついていないところに注目してください。ten-minute で1つの形容詞扱いの時は単数のままです。

英語で話してみよう！　■日本文を見て　■本を閉じて

実際、そこはちょっとややこしいですよ。
ペンか何か持っていますか。
あなたに地図を描きましょう。
たぶん、あなたにはその方が簡単でしょう。
ええ、バスでもそこへ行けます。
でも、歩いても10分くらいですよ。

CD1-40　英語

Actually, it's a little complicated.

Do you have a pen or something?

I can draw you a map.

Maybe that'll be easier for you.

Yes, you can go there by bus.

But it's about a ten-minute walk.

さらにひとこと

「私はこの辺りは不案内だ」と言いたい時は、
　　　I'm a stranger here.

UNIT 21 案内1（時間の約束）

フレーズを言ってみる！　　　　　CD1-41　日本語→英語

1 あなたの初めての訪問	your first visit
2 この市へ	to this city
3 もしよければ	if you would like
4 あなたを案内する	show you around
5 あなたを迎えに行く	pick you up
6 駅で	at the station
7 ～はいかがですか	how about
8 南口で	at the south entrance
9 それでいいですか	is that OK
10 じゃあ、その時に	see you then

ポイント解説

3 would like はよく短縮形が使われて you'd like といった形になります。
would like は「欲しい」ですが want ほど直接的ではありません。

5 車で迎えに行く時は、この pick up を使います。
you のような代名詞の時は up の前に入れますが、
普通の名詞であればよく後ろに置きます。
pick up my daughter（娘を迎えに行く）

9 「あなたに関して」をつける時は with を使って、
Is that OK with you?

英語で話してみよう！ ■日本文を見て ■本を閉じて

今回初めてこの市を訪れたのですか。
もしよければ、明日あなたを案内できますよ。
私が駅に迎えに行きましょう。
午前8時に、南口でどうでしょうか。
それでいいですか。
じゃあ、その時に。

CD1-42 英語

Is this your first visit to this city?

If you'd like, I can show you around tomorrow.

I'll pick you up at the station.

How about 8 am, at the south entrance?

Is that OK with you?

See you then.

さらにひとこと

「何時にしましょうか」と言いたい時は、
　　　　　What time shall we make it?

UNIT 22 案内2（場所の選択）

フレーズを言ってみる！　　　　CD1-43　日本語→英語

1	どこか特別な場所	any particular place
2	行きたい	want to go
3	歴史に興味がある	interested in history
4	多くの歴史的な場所	many historic places
5	この町の中に	in this town
6	芸術が好き	like art
7	博物館に行く	go to the museum
8	あなたがより好む	you prefer
9	その寺に行く	go to the temple

ポイント解説

1、2 関係代名詞 that を使って2つの主語・動詞をつないでいます。
　もっともここでは、その that が you の前に省略されています。
　関係代名詞は少しややこしいところですが、まずは人→who、もの→which、
　人・もの→ that と、ざっくりとらえておきましょう。

7 a と the の区別もわかりにくいのですが、
　相手がその名詞を聞いて1つに特定できるか考えてみてください。
　博物館はたいてい町に1つですから特定できますので、the museum。
　店はたくさんあり特定できませんので、a shop。
　しかし今話題にしている店なら特定できるわけですから、the shop です。

62

英語で話してみよう！ ■日本文を見て ■本を閉じて

どこか特に行きたい場所がありますか？
歴史に興味はありますか。
この町には多くの歴史的な場所があります。
あるいは、芸術が好きなら、博物館に行くこともできますよ。
どちらがいいですか。
それなら、まずそのお寺に行きましょう。

CD1-44　英語

Is there any particular place you want to go?

Are you interested in history?

There are many historic places in this town.

Or, if you like art, we can go to the museum.

Which do you prefer?

Then, let's go to the temple first.

さらにひとこと

「この町はどうですか」と感想を尋ねたい時は、
　　　　How do you like this town?

63

UNIT 23 観光案内所1（ツアー）

フレーズを言ってみる！　　　　　　　CD1-45　日本語→英語

1 すみません	excuse me
2 パンフレットがある	have a brochure
3 旅行者向けの	for tourists
4 1日ツアー	one-day tour
5 面白そう	look interesting
6 予約をする	make a reservation
7 それをここでする	do it here
8 大人2人	two adults
9 明日のツアーのために	for tomorrow's tour

ポイント解説

5 「～のように思える」と言う時は、以下の使い分けをしてください。
　　目で見て判断した時は look です。
　　It looks delicious.（おいしそう）
　　耳から入った情報については sound です。
　　It sounds good.（良さそう）

7、9 何か許可を求める時は Can I ～ ？
　　相手に依頼する時は Could you ～ ？
　　欲しいものがあれば最後に please.
　　海外に行っても、この3つだけで結構サバイバルできますよ。

英語で話してみよう！ ■日本文を見て ■本を閉じて

すみません。
旅行者向けのパンフレットはありますか。
この１日ツアーが面白そうですね。
予約をしなくてはいけませんか。
わかりました。それはここでできますか。
じゃあ明日のツアー、大人２人お願いします。

CD1-46　英語

Excuse me.

Do you have a brochure for tourists?

This one-day tour looks interesting.

Do I have to make a reservation?

All right, can I do it here?

Then, two adults for tomorrow's tour, please.

さらにひとこと

「払い戻しはありますか」と尋ねたい時は、
　　Can we get a refund?

UNIT 24 観光案内所2（バス）

フレーズを言ってみる！　　　　　　　CD1-47　日本語→英語

1 行きたい	would like to go
2 水族館へ	to the aquarium
3 私は疑問に思う	I wonder
4 そこへの行き方	how to get there
5 バスに乗る	take a bus
6 どのバス	which bus
7 あなたが意味する	you mean
8 どんなバスでも	any bus
9 ここを出発する	leave here
10 わかりました	I see

ポイント解説

4 疑問詞 to do の形です。いろいろな疑問詞で作れます。
　　what to do（何をするのか）、when to go（いつ行くのか）

9 leave は間違いやすい単語で、for ひとつで逆方向になります。
　　leave Japan　　　　日本を離れる
　　leave for Japan　　日本に向けて出発する

英語で話してみよう！ ■日本文を見て　■本を閉じて

水族館に行きたいんですが。
どうやって、そこへ行けばいいんでしょうか。
バスに乗らなくてはいけませんか。
どのバスに乗るんでしょうか。
つまり、ここを出るバスはどれでもいいんですか。
わかりました。ありがとうございます。

CD1-48　英語

I would like to go to the aquarium.

I'm wondering how to get there.

Do I have to take a bus?

Which bus should I take?

You mean any bus leaving here?

I see. Thank you.

さらにひとこと

「わからないの？」と責める時は、
　　　Can't you see?

UNIT 25 車1（購入）

フレーズを言ってみる！　　　CD1-49　日本語→英語

1 新車を買う	buy a new car
2 かっこよく見える	look great
3 今回	this time
4 小さいものを手に入れる	get a small one
5 少し待つ	wait a minute
6 イタリア製の	made in Italy
7 座ってもいいですか	can I sit
8 運転席に	in the driver's seat

ポイント解説

4 この one は代名詞で car を表しますが、
one は可算名詞つまり数えられる名詞に対してのみ使われます。

5 この wait a minute は「おいおい、ちょっと待てよ」という感じです。

8 「助手席に」は in the passenger seat、
「後部座席に」は in the back seat と言います。

英語で話してみよう！　■日本文を見て　■本を閉じて

新車を買ったんだね。
かっこいいね。
今回は小さいのにしたんだ。
ちょっと待ってよ。
それってイタリア製？
運転席に座ってもいい？

CD1-50　英語

You bought a new car, didn't you?

It looks great.

This time you got a small one.

Wait a minute.

Is it made in Italy?

Can I sit in the driver's seat?

さらにひとこと

「燃費はどのくらい」と尋ねたい時は、
　　　What is the gas mileage?

UNIT 26 車2（運転）

フレーズを言ってみる！　　　CD1-51　日本語→英語

1 注意深く運転する	drive carefully
2 携帯電話を使う	use a cell phone
3 運転中に	while driving
4 そんなにスピードを出す	speed so much
5 あなたは忘れている	you forget
6 違反切符をもらう	get a ticket
7 先月	last month
8 私にさせる	let me
9 車を寄せて停める	pull over

ポイント解説

2 「〜するのをやめる」ということで stop を使う場合、その後に来る動詞は ing 形になります。つまり stop using です。

3 while you drive と言うこともできます。

8 Let me（　　）は本当によく使う形です。
（　　）内には動詞の原形が入ります。
make（強制）、have（依頼）、let（容認）は使役動詞と呼ばれるもので、使役動詞＋名詞＋動詞の原形の語順です。
何かをしたい時、Let me で始めると穏やかなニュアンスが加わります。

英語で話してみよう！　■日本文を見て　■本を閉じて

頼むから慎重に運転してよ。
運転中に携帯を触るのはやめて。
そんなにスピードを出したらだめでしょう。
先月違反切符をもらったのを忘れたの？
私に運転させてよ。
そこに車を停めて。

CD1-52　英語

Please drive carefully.

Stop using a cell phone while driving!

You shouldn't speed so much.

Did you forget you got a ticket last month?

Let me drive.

Pull over there.

さらにひとこと

「タイヤがパンクした」と言いたい時は、
　　　I got a flat tire.

UNIT 27 鉄道1（乗り間違え）

フレーズを言ってみる！　　CD1-53　日本語→英語

1	確かですか	are you sure
2	私達の列車	our train
3	誰かに尋ねる	ask somebody
4	〜行き	bound for
5	間違った列車に	on the wrong train
6	降りなければならない	have to get off
7	次の駅で	at the next station
8	すべきだった	should have been
9	もっと注意深い	more careful

ポイント解説

1 sure の後ろには接続詞の that が省略されています。

4 「この列車は博多行きだ」なら、
This train is bound for Hakata. と言います。

6 「乗る」なら get on です。

8 過去の話題を出して「〜すべきだった」と言う時は、
should の後を現在完了形にします。この形で使う助動詞はほかに、
may（かもしれない）、must（違いない）などがあります。

| 英語で話してみよう！　■日本文を見て　■本を閉じて |

本当にこの列車で大丈夫？
誰かに聞いてみよう。
すみません、これノースビーチ行きですか。
ああ、違う電車に乗ってるよ。
いずれにしても、次の駅で降りなくちゃ。
もっと注意すべきだったね。

CD1-54　英語

Are you sure this is our train?

Let's ask somebody.

Excuse me. Is this bound for North Beach?

Oh, we're on the wrong train.

Anyway, we have to get off at the next station.

We should have been more careful.

さらにひとこと

「私達はもっと早く出るべきだった」と言いたい時は、
　　　We should have left earlier.

UNIT 28 鉄道２（乗り換え）

フレーズを言ってみる！　　　CD1-55　日本語→英語

1	とても混んでいる	very crowded
2	行きましょう	let's go
3	隣の車両へ	to the next car
4	席を得る	get a seat
5	私達はしなければならない	we have to
6	列車を乗り換える	change trains
7	いくつの駅	how many stops
8	そんなに遠い	so far
9	ここから	from here

ポイント解説

1 「すし詰め」状態の例えで使われる魚はイワシです。
　We were packed like sardines.（すし詰め状態だった）

4 指定席は reserved seat、自由席は non-reserved seat と言います。

6 取り換えるものは新旧のものを考えて複数扱いになります。例えば、
　change shirts（シャツを着替える）

7 長めの文は区切りを入れて覚えるとよいでしょう。
　How many stops / are there / to West Park?

英語で話してみよう！　■日本文を見て　■本を閉じて

すごく混んでるなあ。
隣の車両に行こうよ。
ここなら座れるね。
乗り換えなくちゃいけないんだよね。
ウエストパークまで駅はいくつ？
えっ、それって、ここからそんなに遠いの？

CD1-56　英語

It's very crowded.

Let's go to the next car.

Here we can get a seat.

We have to change trains, right?

How many stops are there to West Park?

Oh, is it so far from here?

さらにひとこと

「どのくらい時間がかかりますか」と尋ねたい時は、
How long does it take?

UNIT 29 外出1（公園）

フレーズを言ってみる！　　　　　　　　CD1-57　日本語→英語

1 特にない	nothing particular
2 ～に飽きる	tired of
3 家の中にいる	stay inside
4 外出したい	want to go out
5 ～はいかがですか	how about
6 公園に行く	go to the park
7 それは悪くない	it doesn't hurt
8 散歩する	take a walk
9 もっといい考えがある	have a better idea

ポイント解説

1. nothing や something を使う時、形容詞（ここでは particular）はこれらの後ろに置かれます。その理由は、no や some のように数を表す単語の前には形容詞を置けないからです。
three big dogs のように（数　形容詞　名詞）の順が基本です。

7. hurt は本来「痛む」という動詞ですが、it doesn't hurt は「別にかまわない」という意味で使われます。
またこの it は形式主語と呼ばれるもので、to take 以下の内容を指しています。
（it – to do の形）

| 英語で話してみよう！ | ■日本文を見て | ■本を閉じて |

特にすることもないね。
家の中にいるのも飽きたし。
外出したくない？
公園に行くっていうのはどう？
時には散歩も悪くはないよ。
それとも、もっといい考えでもあるの？

CD1-58　英語

There's nothing particular to do.

I'm tired of staying inside.

Don't you want to go out?

How about going to the park?

It doesn't hurt to take a walk sometimes.

Or do you have a better idea?

さらにひとこと

「気分転換に出かけよう」と言いたい時は、
  Let's go out for a change.

UNIT 30 外出2（モール）

フレーズを言ってみる！　　　CD1-59　日本語→英語

1	～のようだ	seem to be
2	本当に巨大	really huge
3	見たい	want to see
4	それがどんな感じか	what it's like
5	あるに違いない	there must be
6	多くのいい店	many good shops
7	いくつかのもの	a couple of things
8	買うための	to buy
9	どう思う	what do you think
10	～しませんか	why don't we

ポイント解説

2 large は客観的にサイズの大きいもので使います。
ですから Small＜Medium＜Large というように使えます。
big は主観が入ります。huge はその上で「巨大」という感じです。

4 この like は文末で使います。What is he like?（彼はどんな人ですか）。
また、ここは間接疑問文ですので、
is it とならずに通常の it is の語順になります。

5 「あります」という意味の there are に助動詞 must を入れた形です。

英語で話してみよう！ ■日本文を見て　■本を閉じて

新しいモールって、すごく大きいみたいね。
どんな感じなのか見てみたいなあ。
きっとたくさんいい店があるんじゃない。
買いたいものもちょっとあるし。
どう思う？
じゃあ、今日の午後そこへ行かない？

CD1-60　英語

The new mall seems to be really huge.

I want to see what it's like.

There must be many good shops.

I have a couple of things to buy.

What do you think?

Then, why don't we go there this afternoon?

さらにひとこと

「人込みは嫌い」と言いたい時は、
　　　　I hate crowds.

UNIT 31 映画1（誘う）

フレーズを言ってみる！　　　　　　CD1-61　　日本語→英語

1 暇ですか	are you free
2 行く予定だ	plan to go
3 映画へ	to the movies
4 来たい	would like to come
5 私達と一緒に	with us
6 そのタイトルを思い出す	remember the title
7 メアリーが言った	Mary said
8 フランス映画	French film
9 たぶん、それは	probably, it's
10 一種の	a kind of

ポイント解説

2 これは会話の中では進行形で使うことが多いです。
I'm planning to do so.

6 remember や recall は「思い出す」ですが、
remind は「思い出させる」なので、使い分けてください。

9 「たぶん」という意味の副詞を確率の低い順に並べると、
possibly＜perhaps＜maybe＜probably となります。

英語で話してみよう！ ■日本文を見て ■本を閉じて

明日、暇？
メアリーと私で映画に行くんだけど。
一緒に来る？
ええと、タイトルは思い出せないけど。
メアリーはフランス映画って言ってた。
たぶんラブストーリーっぽいものだと思うよ。

CD1-62　英語

Are you free tomorrow?

Mary and I are planning to go to the movies.

Would you like to come with us?

Well, I can't remember the title.

Mary said it's a French film.

Probably, it's a kind of love story.

さらにひとこと

「映画のチケットはネットで買えるよ」と言いたい時は、
　　　You can buy movie tickets online.

UNIT 32 映画2（感想）

フレーズを言ってみる！　　　　　　　CD1-63　日本語→英語

1 どう思う	how do you like
2 感動した	was touched
3 もう少しで泣く	almost cry
4 最後の場面で	during the last scene
5 最高の映画	the best movie
6 私が今までに見た	I have ever seen
7 読まなくてはならない	have to read
8 その英語の字幕	the English subtitles
9 私を悩ます	bother me

ポイント解説

1 What do you think より「好み」を重視した質問です。

4 「〜の間」については次のような使い分けがあります。
　for 3 years　　　　　　単純な時間の長さ
　during the vacation　　特定期間
　while I stay here　　　動詞を含む

6 経験的な内容を表す完了形です。

9 「嫌な気分にさせる」は他に annoy があります。

英語で話してみよう！ ■日本文を見て ■本を閉じて

映画をどう思った？
私は本当に感動した。
最後のシーンでは泣きそうだった。
これは今まで見た中で最高の映画ね。
でも英語の字幕を読まないといけなかったでしょ。
それがちょっと面倒だった。

CD1-64　英語

How did you like the movie?

I was really touched.

I almost cried during the last scene.

This is the best movie that I've ever seen.

But I had to read the English subtitles.

That bothered me a little.

さらにひとこと

「その映画はひどかった」と言いたい時は、
　　　The movie was awful.

UNIT 33 レストラン1（店を選ぶ）

フレーズを言ってみる！　　　　　　CD1-65　日本語→英語

1	食べたい	would like to eat
2	フレンチかイタリアン	French or Italian
3	どちらのものでも	either one
4	私には大丈夫	OK with me
5	君次第	up to you
6	君がより好む	you prefer
7	試してみよう	let's try
8	あの新しいレストラン	that new restaurant

ポイント解説

3 同じ複数と言えども、2つと3つ以上はよく区別して使われます。
　（2）どちらでも either　　　（3以上）どれでも　any
　（2）どちらも〜でない　neither　　（3以上）どれも〜でない　none

5 「それは状況次第」と言いたい時は、
　It depends. です。

6 「BよりAを好む」は次の2通りで表せます。
　prefer A to B
　like A better than B

84

英語で話してみよう！　■日本文を見て　■本を閉じて

何を食べたい？

フレンチにする、それともイタリアン？

僕はどっちでもいいけど。

君次第だよ。

どっちがいいの？

わかった。じゃあ、例の新しいレストランに行ってみようよ。

CD1-66　英語

What would you like to eat?

French or Italian?

Either one is OK with me.

It's up to you.

Which do you prefer?

OK. Then, let's try that new restaurant.

さらにひとこと

「今ダイエット中」と言いたい時は、
　　　I'm on a diet now.

UNIT 34 レストラン2（注文）

> フレーズを言ってみる！　　　　　　　CD1-67　日本語→英語

1	もらえますか	can I have
2	少し待って	just a moment
3	今日のお勧め料理	today's special
4	私はそれをもらう	I'll have that
5	グラス一杯の赤ワイン	a glass of red wine
6	それだけ	that's it
7	今のところ	for now

> ポイント解説

1 この Can I have も大変重宝する文の出だしです。
　Can I have your name?　　　　お名前を伺えますか。
　Can I have a word with you?　　ちょっとお話しできますか。
　Can I have your autograph?　　サインしてもらえますか。

4 注文するときの決まり文句です。

6 That's it. には次のような意味があります。
　（1）まさにそれです。　（2）それだけです。

7 Bye for now.（じゃあまた）もよく使います。

英語で話してみよう！ ■日本文を見て　■本を閉じて

メニューはありますか。
ちょっと待ってくださいね。
今日のお勧めは何ですか。
それをもらいます。
それと赤ワインをグラスでお願いします。
とりあえず、それだけで。

CD1-68　英語

Can I have a menu?

Just a moment, please.

What's today's special?

I'll have that.

And a glass of red wine, please.

That's it for now.

さらにひとこと

「デザートは何にしようか」と言いたい時は、
　　　　What should I have for dessert?

UNIT 35 レストラン3（伝える）

フレーズを言ってみる！　　　　CD1-69　日本語→英語

1	これは違う	this is not
2	私が注文したもの	what I ordered
3	別にいいですよ	that's OK
4	ほら来た	here it comes
5	おいしそう	look delicious
6	私のナイフを落とす	drop my knife
7	もらえますか	can I have
8	別のもの	another one

ポイント解説

2 この what は関係代名詞で「もの」や「こと」という意味になります。
the thing which = what と考えると、わかりやすいと思います。

3 I'm sorry. と謝罪された時に、「いいですよ」と返す時は
この That's OK か、That's all right を使ってください。

4 here で始まるほかの表現を見てみましょう。
Here you go.　　はいどうぞ。（物を渡す時）
Here we are.　　さあ着いた。
Here we go.　　　さあ出発だ。

6 この前の oops は「おっと」という間投詞です。

英語で話してみよう！　■日本文を見て　■本を閉じて

これは私が注文したものではありません。
私はステーキを注文しました。
いいですよ。
ほら来た。おいしそうだ。
おっと、ナイフを落としてしまった。
別のをいただけますか。

CD1-70　英語

This is not what I ordered.

I ordered a steak.

That's OK.

Here it comes. It looks delicious.

Oops, I dropped my knife.

Can I have another one?

さらにひとこと

「彼女はテーブルマナーが身についている」と言いたい時は、
　　She has good table manners.

UNIT 36 レストラン4（支払い）

フレーズを言ってみる！　　　　　　　CD1-71　日本語→英語

1　私はおなかがいっぱい	I'm full
2　私は食べた	I ate
3　少し多すぎ	a little too much
4　素敵な夕食	nice dinner
5　伝票をお願いします	check, please
6　君が払った	you paid
7　前回	last time
8　私のおごり	my treat

ポイント解説

1 「十分食べた」はほかに
　I've had enough という表現があります。

3 「食べすぎる」や「飲みすぎる」は too much を使わず
　それぞれ overeat や overdrink と言うこともできます。

7 「今回」「次回」はそれぞれ this time / next time です。

8 「それは私のおごり」をシンプルに言うと、
　It's on me. です。

英語で話してみよう！　■日本文を見て　■本を閉じて

本当におなかがいっぱいだ。
ちょっと食べすぎた。
でも素敵な夕食だったね。
お会計をお願いします。
だめだよ、前回は君が払ったじゃないか。
だから今回は僕のおごりで。

CD1-72　英語

I'm really full.

I ate a little too much.

But that was a nice dinner, wasn't it?

Check, please.

No, you paid last time.

So this is my treat.

さらにひとこと

どうしても払うと言う相手に「そこまでおっしゃるなら」と言いたい時は、
　　　 If you insist.

91

UNIT 37 持ち物1（カバン）

フレーズを言ってみる！　　　　　　CD1-73　日本語→英語

1 いいカバン	nice bag
2 そのデザインが好き	like the design
3 とても明るい	very bright
4 ブランド品	designer brand
5 それを手に入れる	get it
6 カバンが欲しい	want a bag
7 このような	like this

ポイント解説

1 会話をする時に尋問でもするかのように質問を連発するのは禁物です。
相手の持ち物をちょっと話題にすると、スムーズに話が進みます。

2 ほめる時は、"That's nice" のワンパターンではなく、
I like your tie のように I like も使ってみてください。

3 「暗い」は dark です。
また「派手すぎる」「地味すぎる」は音声に関するものと同じ表現で、
順に too loud / too quiet と言います。

| 英語で話してみよう！　■日本文を見て　■本を閉じて |

あれ、いいカバンを持っているね。
デザインが素敵ね。
色もとても明るくて。
これブランド品なの？
どこで手に入れたの？
こんなカバンが欲しいなあ。

CD1-74　英語

Oh, you have a nice bag.

I like the design.

The color is very bright.

Is this a designer brand?

Where did you get it?

I want a bag like this.

| さらにひとこと |

「これは安物のまがいもの」と言いたい時は、
　　　This is a cheap imitation.

UNIT 38 持ち物2（自転車）

フレーズを言ってみる！　　　CD1-75　日本語→英語

1	乗り続けている	have been riding
2	10年以上	over ten years
3	古くなる	get old
4	その時期だ	it's time
5	新しいものを手に入れる	get a new one
6	余裕がない	can't afford
7	高いものを買う	buy an expensive one
8	自転車が欲しい	want a bike
9	手頃な値段で	at a reasonable price
10	知りませんか	don't you know

ポイント解説

1 「ずっと〜している」は現在完了形＋進行形で現在完了進行形。形は have been doing です。

2 more than ten years とも言えます。

6 後に動詞をつなぐ時は to do の形になります。

9 reasonable はもともと reason ＋ able で「理にかなう」という意味です。

| 英語で話してみよう！　■日本文を見て　■本を閉じて |

10年以上、この自転車に乗り続けている。
さすがに古くなってきた。
たぶん新しいものを手に入れる時期だろう。
でも高価なものを買う余裕はない。
手頃な値段の自転車が欲しいけど。
いい店を知らない？

CD1-76　英語

I've been riding this bike over ten years.

So it's getting old.

Maybe it's time to get a new one.

But I can't afford to buy an expensive one.

I want a bike at a reasonable price.

Don't you know a good shop?

さらにひとこと

「買いたいものがいっぱいある」と言いたい時は、
　　　There are so many things I want to buy.

UNIT 39 金銭1（浪費）

フレーズを言ってみる！　　　　　　　　CD1-77　日本語→英語

1 あまりにたくさん使う	spend too much
2 今月	this month
3 もっと賢く	more wisely
4 ～となると	when it comes to
5 やめられない	can't stop
6 それらを買う	buy them
7 驚くことではないが	not surprisingly
8 お金が不足している	short of money

ポイント解説

1 spend （過去形 spent）はお金や時間を目的語にします。
そして、名詞や動詞をつなぐ時は on や ing 形を使います。
spend much money on my hobby　趣味に多くのお金を使う
spend much time doing homework　宿題をするのに多くの時間を使う

4 話題の導入に用いられる定番フレーズです。ぜひ覚えましょう。

8 動詞は右ページのような be 動詞だけでなく run も使えます。
run short of money

| 英語で話してみよう！ | ■日本文を見て | ■本を閉じて |

今月は使いすぎたなあ。
もっと賢くお金を使わないと。
洋服となると、
買うのをやめられない。
それで当たり前なんだけど、
いつもお金が足りなくなる。

CD1-78　英語

I spent too much this month.

I should spend money more wisely.

When it comes to clothes,

I can't stop buying them.

So not surprisingly,

I'm always short of money.

さらにひとこと

「お金を無駄にするな」と言いたい時は、
　　　Don't waste your money.

UNIT 40 金銭2（節約）

フレーズを言ってみる！　　　CD1-79　日本語→英語

1 クレジットカードを持つ	have a credit card
2 買わないように努める	try not to buy
4 私が必要とする以上に	more than I need
5 たくさんのお金を稼ぐ	earn much money
6 借金がある	in debt
7 貯金する	save money
8 少しずつ	little by little
9 気分がいい	feel good

ポイント解説

2 不定詞（to do）の否定は to の前に not をつけます。
「〜しないように努める」は try not to の形です。
「〜するように努めない」don't try to と区別してください。

6 この後に続く "either" は否定文において、"too（〜も）" の代わりになるものです。

9 これには使役動詞 make（させる）が用いられるので、前述の
（使役動詞＋目的語＋動詞の原形）の語順になり、
make me feel good（私を気分良くさせる）となります。

> 英語で話してみよう！　■日本文を見て　■本を閉じて

クレジットカードは持っていません。
必要なもの以上は買わないようにしています。
私は大して稼いでいません。
でも借金もありません。
少しずつ貯金しています。
それって気分がいいです。

CD1-80　英語

I don't have a credit card.

I try not to buy more than I need.

I'm not earning much money.

But I'm not in debt, either.

I'm saving money little by little.

It makes me feel good.

さらにひとこと

「クレジットカードは買い物に便利だ」と言いたい時は、
　　　　Credit cards are convenient for shopping.

UNIT 41 買い物1（選択）

フレーズを言ってみる！　　　　　CD1-81　日本語→英語

1　探す	look for
2　とても多くの選択	such a large selection
3　あの品を私に見せる	show me that one
4　その赤い品	the red one
5　それの隣	next to it
6　つまり	I mean
7　2番目のもの	the second one
8　左から	from the left
9　それです	that's it

ポイント解説

3　one は同種類のものを示します。ここでは sweater です。
　　it と one の以下の使い分けも覚えておきましょう。
　　特定の the bag を置き換えるなら it です。
　　不特定の a bag なら one です。

6　説明する時の導入に使います。
　　逆に、理解できない時は What do you mean? と尋ねます。

8　この the は忘れやすいのでフレーズを丸ごと覚えましょう。

英語で話してみよう！ ■日本文を見て ■本を閉じて

セーターを探しているんですけど。
本当に多くの種類がありますね。
あの品物を見せてもらえますか。
その隣の赤い品です。
つまり、左から2番目の品です。
そう、それです。

CD1-82　英語

I'm looking for a sweater.

There is such a large selection.

Could you show me that one?

The red one next to it.

I mean the second one from the left.

Yes, that's it.

さらにひとこと

「ただ見てるだけです」と言いたい時は、
　　　I'm just looking.

UNIT 42 買い物 2（試着）

フレーズを言ってみる！　　　　　　CD1-83　日本語→英語

1 これを試着する	try this on
2 どこですか	where is
3 試着室	the fitting room
4 すこし大きすぎる	a little too big
5 私には	for me
6 そのデザインが大好き	love the design
7 もっと小さなもの	smaller one
8 同じ色で	in the same color
9 もしできれば	if possible

ポイント解説

1 名詞をつなぐ場合は try on の後ろに置くことが多いです。
 try on the dress（その服を試着する）
 また単に「着る」という時は put on を使ってください。

4 「あまりに大きすぎる」時は much too big と言います。
 too を強調する時は bigger などの比較級の時と同様、
 very ではなく much を使います。

6 この後の though は「けれど」という副詞です。

8 「赤で書く」と言う時も in を使って、write in red と言います。

102

英語で話してみよう！　■日本文を見て　■本を閉じて

これを試着してもいいですか。
試着室はどこですか。
私にはちょっと大きすぎるなあ。
デザインはすごく好きなんだけど。
もっと小さいのがありますか。
できれば、同じ色で。

CD1-84　英語

Can I try this on?

Where is the fitting room?

It's a little too big for me.

I love the design, though.

Do you have a smaller one?

In the same color, if possible.

さらにひとこと

「似合ってる？」と尋ねたい時は、
　　　How do I look?

UNIT 43 買い物3（購入）

フレーズを言ってみる！　　　　　　　CD1-85　日本語→英語

1 買いたい	would like to buy
2 夫のために	for my husband
3 私にいくつか見せる	show me some
4 とても良さそうに見える	look quite nice
5 このようなもの	one like this
6 きっと	I'm sure
7 それが気に入る	like it
8 それをください	I'll take it.

ポイント解説

3 some は可算、不可算どちらのものにも使うことができます。

5 a tie like this を言い換えた形です。

6 sure を文末で使うこともあります。ただし for が必要です。
He'll like it for sure.
for sure は「確実に」という意味のフレーズです。

8 「それを買います」と言う時の決まり文句です。
この時、buy は使いません。

英語で話してみよう！　■日本文を見て　■本を閉じて

夫のネクタイを買いたいんですけど。
何本か見せてもらえますか。
ああ、これはとても良さそうね。
彼はこんなのは持ってないから。
きっと彼は気に入ると思う。
じゃあ、それをください。

CD1-86　英語

I would like to buy a tie for my husband.

Could you show me some?

Oh, this one looks quite nice.

He doesn't have one like this.

I'm sure he will like it.

OK, I'll take it.

さらにひとこと

「それはあなたに似合っている」と言いたい時は、
　　It looks great on you.

UNIT 44 買い物4（支払い）

フレーズを言ってみる！　　　　　　　CD1-87　日本語→英語

1 これを贈答用の包装にする	gift-wrap this
2 いくら	how much
3 クレジットカードで払う	pay with a credit card
4 現金で払う	pay in cash
5 かまいません	no problem
6 はいどうぞ	here you are
7 残念ですが	I'm afraid
8 私に与えた	gave me
9 間違った釣銭	the wrong change

ポイント解説

1 2語を1語扱いする時は、このようにハイフン（-）を使います。

3、4 with は道具で使う with と理解し、in cash は丸暗記がいいでしょう。

5 心配する相手に「大丈夫です」と言う時はこれを使ってください。

6 同じ意味で here you go もよく使います。

7 「悪い知らせ」を伝える時は I think の代わりにこれを使います。

英語で話してみよう！　■日本文を見て　■本を閉じて

これを贈答用の包装にしてもらえますか。
いくらになりますか。
クレジットカードで払えますか。
じゃあ現金で払います。
かまいません。はいどうぞ。
あのう、釣銭が間違っているみたいですが。

CD1-88　英語

Could you gift-wrap this?

How much is it?

Can I pay with a credit card?

Then I'll pay in cash.

No problem. Here you are.

I'm afraid you gave me the wrong change.

さらにひとこと

「クーポンは持ってない」と言いたい時は、
　　　I don't have any coupons.

UNIT 45 本1（小説）

フレーズを言ってみる！　　　　　　　CD1-89　日本語→英語

1 どうやって過ごすのか	how do you spend
2 君の暇な時間	your free time
3 小説を読む	read novels
4 どんな種類の小説	what kind of novels
5 君のお気に入り	your favorite
6 〜のうちの一つ	one of
7 ベストセラーの本	bestselling book
8 今年	this year
9 まだ〜ない	not 〜 yet

ポイント解説

4 kind には「優しい」「種類」という意味があります。
　これらは同語源で「生まれ」という意味から派生しています。

5 ここの favorite は名詞扱いですが、次のように形容詞扱いもあります。
　my favorite music（私のお気に入りの音楽）

6 one of に続く名詞は複数にしてください。 one of the books

9 ここでは完了形で使っていますが、Not yet と単独でも使えます。

英語で話してみよう！ ■日本文を見て ■本を閉じて

暇な時はどうやって過ごしていますか。
小説を読んでいるんですか。
どんな小説を読むんですか。
それでお気に入りは何ですか。
それは今年のベストセラーの一冊ですね。
いいえ、私はまだそれを読んでいません。

CD1-90　英語

How do you spend your free time?

Reading novels?

What kind of novels do you read?

And what's your favorite?

It is one of the bestselling books this year.

No, I haven't read it yet.

さらにひとこと

「その話は何についてなのか」と尋ねたい時は、
What's the story about?

UNIT 46 本2（徹夜）

フレーズを言ってみる！　　　CD1-91　日本語→英語

1 たくさん読む	read a lot
2 私の同僚の一人	one of my coworkers
3 私に本を貸す	lend me a book
4 非常にわくわくする	so exciting
5 何が起こった	what happened
6 それを下に置く	put it down
7 結局それを読むことになる	end up reading it
8 一晩中	the whole night

ポイント解説

3 lend（貸す）の過去形は lent です。反意語の「借りる」は borrow です。お金を払って借りる時は rent を使います。

5 「君に何が起こった？」と言いたい時は前置詞 to を使って、
What happened to you? と言います。

6 「本を置く」という言い方で「途中で読むのをやめる」ことを意味します。本の宣伝などで can't と一緒によく使われています。

7 end up は「最終的に〜なる」という時に用いられます。
ing 形が続いていますが、ほかに as を使って
ended up as a loser「結局、敗者になった」という言い方もあります。

英語で話してみよう！ ■日本文を見て ■本を閉じて

私はあまり本を読みません。
でも同僚の一人が私に本を貸してくれたのです。
それでその話は本当に面白かった。
どうなったかわかりますか。
途中でやめられなくなったんです。
結局、一晩中それを読み通すことになりました。

CD1-92　英語

I don't read a lot.

But one of my coworkers lent me a book.

And the story was so exciting.

Do you know what happened?

I couldn't put it down.

I ended up reading it the whole night.

さらにひとこと

「著者は誰ですか」と尋ねたい時は、
　　　Who is the author?

UNIT 47 テレビ1（ドラマ）

フレーズを言ってみる！　　　　　CD1-93　日本語→英語

1	そのドラマを見る	see the drama
2	昨夜	last night
3	4チャンネルで	on channel 4
4	見るべきだった	should have seen
5	それは最高だ	it's the best
6	私が最近見た	I have seen recently
7	本当に優れている	really outstanding
8	不思議はない	no wonder
9	高く評価される	highly rated

ポイント解説

4 「〜すべきだった」という過去を振り返る表現です。

5、6 この間に関係代名詞 that が置かれて使われています。
"最上級 that 完了形" はおなじみの文型です。
the best book that I've ever read（今まで読んだ中で最高の本）

7 outstanding は stand out（目立つ）という熟語からできた形容詞です。

8 「なるほど」とうなずく時は、No wonder の2単語だけで使います。

英語で話してみよう！　■日本文を見て　■本を閉じて

昨夜、例のドラマを見た？
4チャンネルでやっているやつだよ。
えっ、見るべきだったね。
最近見た中で最高だった。
脚本が本当にすごくよかった。
高い評価を受けているのもわかるよ。

CD1-94　英語

Did you see the drama last night?

The one on channel 4.

Oh, you should have seen it.

It was the best that I've seen recently.

The script was really outstanding.

No wonder it's highly rated.

さらにひとこと

「8チャンネルで何をやってる？」と尋ねたい時は、
　　　What's on channel 8?

UNIT 48 テレビ2（マンネリ）

フレーズを言ってみる！　　　　CD1-95　日本語→英語

1 かつて	used to
2 テレビをよく見る	watch TV a lot
3 もはやそうではない	not anymore
4 多すぎるお笑い番組	too many comedy shows
5 それらに飽きる	tired of them
6 全部よく似ている	all so similar
7 お互いに	to each other
8 私達は得られる	we can get
9 ニュースや娯楽もの	news and entertainment

ポイント解説

1 単純に過去形を使う代わりに used to を使って表現すると、「今はもうしていない」ことが強調されます。

3 not any longer や no longer といった同様の意味のものもあります。

5 「本当に〜にうんざり」という時は sick and tired of 〜 と言いますが、「本当の病気」以外には sick をあまり使わないのが無難です。

6、7 「AとBは似ている」は、A is similar to B という形になります。「AはBに等しい」は、A is equal to B です。

英語で話してみよう！　■日本文を見て　■本を閉じて

昔はテレビをよく見ていたけど。

でも、もう見てないなあ。

お笑い番組が多すぎるよ。

正直、そういったものには飽きたね。

どれも全部お互いよく似ているし。

今は、ニュースや娯楽ものもネットで見られるよ。

CD1-96　英語

I used to watch TV a lot.

But not anymore.

There are too many comedy shows.

Honestly, I'm tired of them.

They are all so similar to each other.

Now we can get news and entertainment online.

さらにひとこと

「ケーブルテレビに入ってない」と言いたい時は、
　　　I don't have cable TV.

UNIT 49 ラジオ1（リラックス）

フレーズを言ってみる！　　CD1-97　日本語→英語

1 ラジオを聞く	listen to the radio
2 最近	these days
3 ラジオが好き	like the radio
4 仕事で疲れる	tired from work
5 私の目を閉じる	close my eyes
6 聞いて楽しむ	enjoy listening
7 私をリラックスさせてくれる	help me to relax

ポイント解説

4 「走って疲れた」というように疲労を表す時は from を使って tired from running と言います。
「〜にうんざりする」という意味の tired of 〜 と区別しましょう。

6 enjoy の後ろの動詞は ing 形にしてください。

7 直訳すると「私がリラックスするのを手助けしてくれる」となります。
また、help me relax のように help の後の動詞を to を省いた原形にすることもよくあります。

英語で話してみよう！ ■日本文を見て ■本を閉じて

ラジオは聞いていますか。
最近私は、よくネットラジオを聞いています。
私はラジオがとても好きです。
仕事で疲れた時に、
目を閉じて、それを聞いてただ楽しんでいます。
そのおかげで、本当にリラックスできます。

CD1-98　英語

Do you listen to the radio?

These days I often listen to online radio.

I like the radio a lot.

When I'm tired from work,

I close my eyes and just enjoy listening to it.

It really helps me to relax.

さらにひとこと

「ラジオの音量下げてもらえます？」と言いたい時は、
　　　　Could you turn down the radio?

UNIT 50 ラジオ2（一人暮らし）

フレーズを言ってみる！　　　　　　CD1-99　日本語→英語

1	ラジオのトーク番組	radio talk shows
2	それらを聞く	listen to them
3	夜遅く	late at night
4	私は感じる	I feel
5	私に直接話しかける	talk right to me
6	それは〜のようだ	it's like
7	誰かが一緒にいる	have company
8	寂しく感じる	feel lonely
9	一人でいる	be alone
10	時には	at times

ポイント解説

3 late at night は語順に注意してください。
「朝早く」は、early in the morning と言います。

5 この right は強調のために付け加えられています。

6 この後には名詞や ing 形や（主語・動詞）が続きます。

8、9 lonely と alone は混同しやすい単語です。
lonely は寂しい感情、alone は一人でいる状態を表しています。

英語で話してみよう！ ■日本文を見て ■本を閉じて

ラジオのトーク番組は素晴らしい。
夜遅くそれらを聞くと、
誰かが私に直接話しかけているように感じる。
それはまるで部屋に誰かが一緒にいるみたい。
だから寂しく感じない。
時には一人でいることを楽しんでいる。

CD1-99　英語

Radio talk shows are great.

When I listen to them late at night,

I feel someone is talking right to me.

It's like having company in my room.

So I don't feel lonely.

I enjoy being alone at times.

さらにひとこと

「ラジオがよく入らない」と言いたい時は、
　　　I have bad radio reception.

UNIT 51 音楽1（癒し系）

フレーズを言ってみる！　　　　　　　CD2-1　日本語→英語

1 何を聞いているの	what're you listening to
2 その歌手の名前	the name of the singer
3 よく耳にする	be familiar
4 〜を聞いたことがない	have never listened to
5 私にそれを聞かせて	let me listen to it
6 この種の音楽	this kind of music
7 とてもくつろぐ音楽	very relaxing music

ポイント解説

1、4、5 listen to を進行形、完了形、使役動詞で使い分けましょう。

3 直訳すると「〜は親しみがある」になります。
「私にとって」を加える時は to を使って、
Her name is familiar to me.

5 使役動詞 let を用いた "let me 動詞の原形" の形になります。

7 relaxing と relaxed を使い分けましょう。
relaxing music（くつろぐ音楽）、relaxed person（くつろいでいる人）
relax が「くつろがせる」という意味なので、
それを引き起こす方が ing 形（relaxing）
それを受ける側が過去分詞（relaxed）になります。

> 英語で話してみよう！　■日本文を見て　■本を閉じて

何を聞いているの？
ああ、その歌手の名前はよく聞くね。
でも彼女の音楽は聞いたことがないなあ。
私にそれを聞かせてみて。
ああ、この手の音楽はすごく好きなんだ。
とてもリラックスする音楽だね。

CD2-2　英語

What're you listening to?

Well, the name of the singer is familiar.

But I've never listened to her music.

Let me listen to it.

Oh, I love this kind of music.

Very relaxing music, isn't it?

さらにひとこと

「ゆっくりするこの時間が好きなんだ」と言いたい時は、
　　　I love this time to relax.

UNIT 52 音楽2（動画）

フレーズを言ってみる！　　　　CD2-3　日本語→英語

1 このバンドが好き	like this band
2 とても興奮する音楽	very exciting music
3 知ってる？	you know what
4 それは面白い	it is fun
5 彼らが演奏するのを見る	see them perform
6 見てみてはどう	why not watch
7 彼らの動画の一つ	one of their videos
8 君はそれが気に入るだろう	you'll like it

ポイント解説

3 You know what? は人に注意を促す時の決まり文句です。

4 形式主語の it です。それは後の to 以下の内容を表します。

5 知覚動詞 see / hear です。これらは使役動詞（make や let など）と同様に目的語の後ろに動詞の原形（perform）を置きます。

6 人に提案する時の決まり文句で、why don't you watch とも言えます。

英語で話してみよう！　■日本文を見て　■本を閉じて

このバンドは本当に好きなんだ。
彼らはとてもわくわくする音楽をやっているよ。
それで、知ってる？
彼らの演奏は見ても面白いんだ。
ネットで彼らの動画をどれか見てみたら？
きっと君も気に入るよ。

CD2-4　英語

I really like this band.

They play very exciting music.

And you know what?

It is fun to see them perform.

Why not watch one of their videos online?

I'm sure you'll like it.

さらにひとこと

「じゃあチェックしてみるよ」と言いたい時は、
　　　OK, I'll check it out.

UNIT 53 音楽3（ピアノ）

フレーズを言ってみる！　　　　　CD2-5　日本語→英語

1 とても上手なピアニスト	very good pianist
2 それを知らなかった	didn't know that
3 習いたい	want to learn
4 私にレッスンする	give me lessons
5 私は冗談を言っていない	I'm not joking
6 私は真剣だ	I'm serious
7 それについて考える	think about it

ポイント解説

1 pianist のアクセントの位置は pía- または piá- の2通りです。

3 これを現在完了にして have wanted to learn としていますが、「長い間」を加えたい場合は次の2通りがあります。
have long wanted 〜 / have wanted 〜 for a long time

5 I'm not kidding. と言うこともできます。

6 「それを本気で言っている」は I mean it. です。

7 「じゃあ、考えとくよ」は、OK, I'll think about it. です。

英語で話してみよう！　■日本文を見て　■本を閉じて

あれ、すごくピアノうまいんだね。
知らなかったなあ。
私はずっとピアノを習いたかった。
私にレッスンしてくれない。
冗談じゃなくて。真面目に言っている。
ぜひ、それを考えてみてよ。

CD2-6　英語

Oh, you're a very good pianist.

I didn't know that.

I've wanted to learn the piano.

Can't you give me lessons?

I'm not joking. I'm serious.

Please think about it.

さらにひとこと

「どのくらいピアノやってますか」と尋ねたい時は、
　　　　　How long have you played the piano?

UNIT 54 音楽4（バンド結成）

フレーズを言ってみる！　　　　　　CD2-7　日本語→英語

1 ロックが好き	like rock music
2 楽器を演奏する	play instruments
3 ああ、本当に	oh, really
4 ドラムをたたく	play the drums
5 いつか一緒に演奏する	play together sometime
6 バンドに入っている	in a band
7 あるいは何か	or something
8 ～はいかがですか	how about
9 新しいバンドを組む	make a new band

ポイント解説

1 「～ですね」という付加疑問文にしますが、前半が like という一般動詞の現在形なので don't you? になります。

4 ドラムは drum が複数ありますので drums と言います。

5 「いつか」は some day と言うこともできます。
　また、sometime を sometimes（時々）と混同しないようにしましょう。

8 同じ意味で、What do you say to ～ ing という言い方もあります。

英語で話してみよう！　■日本文を見て　■本を閉じて

ロックが好きなんだね。
何か楽器やるの？
ああ、ほんとに。自分はドラムをやってる。
いつか一緒に演奏するのもいいね。
バンドか何か入っているの？
じゃあ、新しいバンドを組むっていうのはどう？

CD2-8　英語

You like rock music, don't you?

Do you play any instruments?

Oh, really. I play the drums.

We can play together sometime.

Are you in a band or something?

Then, how about making a new band?

さらにひとこと

「音楽なしでは生きていけない」と言いたい時は、
　　I can't live without music.

UNIT 55 DVD1（レンタル）

フレーズを言ってみる！　　　　　　　CD2-9　日本語→英語

1 最近	these days
2 映画館に行く	go to movie theaters
3 DVDを借りる	rent DVDs
4 新しい映画を見る	watch new films
5 手頃な値段で	at reasonable prices
6 それは面倒だ	it is troublesome
7 それらを返却する	return them
8 それらを楽しめる	can enjoy them
9 あなたの暇な時に	at your leisure
10 たいていそれらを見る	usually watch them
11 夜遅く	late at night

ポイント解説

5　数値を示す時の前置詞は at がよく用いられます。たとえば、
　　at 1000 yen（千円で）、at seven（7時に）、at 20（20歳で）

6、7　形式主語 it を使った形です。
　　it is troublesome to return ～

11　「真夜中に」と言う時は at midnight です。

英語で話してみよう！ ■日本文を見て　■本を閉じて

最近は映画館に行っていません。
よく DVD を借りています。
手頃な値段で映画の新作が見られます。
確かに、それらを返すのは面倒です。
でも暇な時に楽しめますから。
私はたいてい夜遅くにそれらを見ています。

CD2-10　英語

These days I don't go to movie theaters.

I often rent DVDs.

You can watch new films at reasonable prices.

Yes, it is troublesome to return them.

But you can enjoy them at your leisure.

I usually watch them late at night.

さらにひとこと

「レンタル料はいくら？」と尋ねたい時は、
　　　　What's the rental price?

UNIT 56 DVD2（コレクション）

フレーズを言ってみる！　　　　　　　　　CD2-11　日本語→英語

1　毎回	every time
2　DVDを面白いと思う	find a DVD interesting
3　それを購入する	purchase it
4　何度も	many times
5　100枚以上のDVD	more than 100 DVDs
6　私のDVDコレクション	my DVD collection
7　数が増える	grow in number
8　私の妻	my wife
9　それについて文句を言う	complain about it

ポイント解説

1　このevery timeはwhenのように接続詞の働きをします。

2　語順注意です。findを使って「〜を…と思う」と言う時はこの順序です。
　I found it easy.（それを簡単だと思った）と
　I found it easily.（それを簡単に見つけた）は区別してください。

4　timeを回数や倍数の意味で使う時は可算名詞になります。

9　「文句言えないでしょ？」とたしなめる時は、
　You can't complainと言います。

英語で話してみよう！ ■日本文を見て ■本を閉じて

毎回 DVD が面白いと思ったら、
私はそれを購入します。
そしてそれを何度も見ます。
今では100枚以上 DVD を持っています。
私の DVD コレクションは急速に数が増えてます。
でも妻は、それについて文句を言っています。

CD2-12　英語

Every time I find a DVD interesting,

I purchase it.

And I watch it many times.

Now I have more than 100 DVDs.

My DVD collection is growing in number quickly.

But my wife is complaining about it.

さらにひとこと

「この DVD には12話入っている」と言いたい時は、
　　　This DVD has 12 episodes on it.

UNIT 57 コンピューター1(マニュアル)

フレーズを言ってみる！　　　　　　　　CD2-13　日本語→英語

1 再びフリーズする	freeze again
2 心配している	I'm afraid
3 私のデータが消える	my data is gone
4 わかっている	I know
5 何かしなくてはならない	have to do something
6 その取扱説明書	the instruction manual
7 難しすぎる	too difficult
8 ～でいっぱいだ	be full of
9 専門用語	technical terms
10 それを理解できない	can't understand it

ポイント解説

1 freeze の不規則変化は freeze / froze / frozen です。
もともと「凍る」という意味で、「凍え死ぬ」は freeze to death と言います。

8 同じ意味で be filled with という表現があります。

9 term はわかりづらい単語ですが、用語・期間・条件(～s)といった意味があります。

10 否定を強調したい時は at all (全く) を加えることができます。

| 英語で話してみよう！ | ■日本文を見て | ■本を閉じて |

コンピューターがまたフリーズした。
全部データが消えたのではないかと心配だ。
何かしなくてはならないのはわかっている。
でも取扱説明書は難しすぎる。
専門用語がぎっしり詰まっている。
私は全く理解できない。

CD2-14　英語

My computer froze again.

I'm afraid all my data is gone.

I know I have to do something.

But the instruction manual is too difficult.

It's full of technical terms.

I can't understand it at all.

さらにひとこと

「今度は再起動できない」と言いたい時は、
　　　Now I can't restart it.

133

UNIT 58 コンピューター2（新型）

フレーズを言ってみる！　　　CD2-15　日本語→英語

1 この新しいパソコン	this new PC
2 本当にカッコいい	really cool
3 それは重さがある	it weighs
4 1キロ未満	less than one kilogram
5 私はそれを信じられない	I can't believe it
6 私は疑問に思う	I wonder
7 これを買うべき	should buy this
8 助言を求める	ask for advice
9 いわゆる	so to speak
10 コンピューターオタク	computer geek

ポイント解説

1 PC は personal computer の略です。

3 weigh は動詞、weight は名詞です。

5 驚いた時はこれを使いましょう。

6 この後によく if（〜かどうか）や who などの疑問詞が続きます。

8 人名は ask の直後に入れてください。
また advice は不可算名詞です。

英語で話してみよう！　■日本文を見て　■本を閉じて

この新しいパソコンは本当にカッコいい。
重さは1キロないの？
信じられないな。
これを買うべきか迷うなあ。
トムに意見を聞いてみよう。
彼はいわゆるコンピューターオタクだから。

CD2-16　英語

This new PC is really cool.

It weighs less than one kilogram?

I can't believe it.

I'm wondering if I should buy this.

I'll ask Tom for advice.

He is, so to speak, a computer geek.

さらにひとこと

「このPCは薄くて軽い」と言いたい時は、
　　　This PC is thin and light.

135

UNIT 59 ゲーム1 (夢中)

フレーズを言ってみる！   CD2-17 　日本語→英語

1 本当に楽しめる	so entertaining
2 それらを位置づける	rank them
3 〜の1つとして	as one of
4 最高の発明	the greatest invention
5 いったん君が始めると	once you start
6 君はやめられない	you can't stop
7 君のスマートフォンで	on your smartphone
8 いつでも、どこでも	anytime, anywhere
9 私を呼んでもいい	could call me
10 ゲーム中毒	game addict

ポイント解説

2 ここでの rank は「位置づける」という動詞です。

3 one of の後に置く時は複数形にします。

5 この once は「いったん〜すると」という接続詞です。

8 「あなたがどこにいても」なら、wherever you are と言います。

9 この could は穏やかに何かを勧める時などに使います。

136

英語で話してみよう！　■日本文を見て　■本を閉じて

コンピューターゲームは本当に楽しめます。
私はそれらを最高の発明の1つと位置づけています。
いったんそれらをプレーし始めたら、やめられません。
スマートフォンでも、できますよ。
だからいつでも、どこでも楽しめるんです。
ええ、私のことはゲーム中毒と呼んでもらってもいいですよ。

CD2-18　英語

Computer games are so entertaining.

I rank them as one of the greatest inventions.

Once you start playing them, you can't stop.

You can play them on your smartphone, too.

So you can enjoy them anytime, anywhere.

Well, you could call me a game addict.

さらにひとこと

「それって時間の無駄じゃないの？」と言いたい時は、
　　　Isn't it a waste of time?

UNIT 60 ゲーム2（意見）

フレーズを言ってみる！　　　CD2-19　日本語→英語

1 聞かせてください	let me hear
2 あなたの意見	your opinion
3 テレビゲームをする	play video games
4 悪いこと	bad thing
5 どう思う	what do you think
6 それらを支持している	in favor of them
7 一部の人が言う	some say
8 精神を堕落させる	rot the mind
9 そうした考えが気に障る	find such ideas annoying

ポイント解説

1 意見を聞きたい時の決まり文句です。

3 主語にするには「〜すること」という ing 形にします。

6 favor は「好意」「支持」という意味です。

8 rot は「腐らせる」という意味です。

9 (find ＋名詞＋形容詞) で「〜を…と感じる」という意味になります。
　 annoy は「わずらわす」という動詞です。

英語で話してみよう！　■日本文を見て　■本を閉じて

あなたの意見を聞かせてください。
テレビゲームをするのは悪いことですか。
それらについてどう思いますか。
あなたはそれらを支持しますか、あるいはしませんか。
一部の人はそれらは精神を堕落させると言っています。
しかしゲームファンには、そんな考えが気に障るんです。

CD2-20　英語

Let me hear your opinion.

Is playing video games a bad thing?

What do you think about them?

Are you in favor of them, or not?

Some say they rot the mind.

But game fans find such ideas annoying.

さらにひとこと

「オンラインゲームにはまっている」と言いたい時は、
　　　I'm hooked on online games.

UNIT 61 スポーツ1（テニス）

フレーズを言ってみる！　　　　　　　CD2-21　日本語→英語

1 君の好きなスポーツ	your favorite sport
2 テニスをすることが好き	like to play tennis
3 週末を過ごす	spend the weekend
4 本当に楽しい	really fun
5 そしてまた	and also
6 多くの友達を作る	make many friends
7 別の良い点	another good point
8 テニスについて	about tennis

ポイント解説

2 like playing tennis と言うこともできます。

4 「楽しい」は fun、「興味深い」は interesting です。

5 「その上」と付け加える時は、ほかに in addition や besides があります。

6 「彼と友達になる」は make friends with him です。
「彼と知り合いになる」であれば、get to know him を使ってください。

7 「さらに」と言う時に使うのは other でなく another です。
another three weeks（さらに3週間）

140

英語で話してみよう！　■日本文を見て　■本を閉じて

あなたの好きなスポーツは何ですか。
私はテニスをすることが好きです。
週末はテニスをして過ごしています。
テニスをするのは本当に楽しいです。
そしてまた、たくさん友達もできますよ。
それもまたテニスのいいところですね。

CD2-22　英語

What's your favorite sport?

I like to play tennis.

I spend the weekend playing tennis.

Playing tennis is really fun.

And also, you can make many friends.

That's another good point about tennis.

さらにひとこと

「彼はすごい選手だ」と言いたい時は、
　　　He is an awesome player.

UNIT 62 スポーツ2（野球）

フレーズを言ってみる！　　　　CD2-23　日本語→英語

1 野球が大好き	love baseball
2 野球をし始める	start playing baseball
3 6歳で	at six
4 子供の頃	as a child
5 なりたい	want to be
6 プロの選手	professional player
7 結局あきらめる	give up eventually
8 ちょうど〜のように	just like
9 多くのほかの少年がする	many other boys do
10 野球を見て楽しむ	enjoy watching baseball
11 テレビで	on TV

ポイント解説

3 when I was six と言うこともできます。

4 when I was a child でも OK です。

7 give up の後に動詞をつなぐ時は ing 形で、give up becoming 〜。また「結局」には after all も使えます。

9 この do は give up を意味しています。

英語で話してみよう！　■日本文を見て　■本を閉じて

私は野球が大好きです。
私は6歳で野球をし始めました。
子供の頃、プロの選手になりたかったです。
しかし、その夢は結局あきらめました、
多くのほかの男の子と同じように。
今はテレビで野球を見て楽しんでいます。

CD2-24　英語

I love baseball.

I started playing baseball at six.

As a child, I wanted to be a professional player.

But I gave up that dream eventually,

just like many other boys do.

Now I enjoy watching baseball on TV.

さらにひとこと

「その夢がかなった」と言いたい時は、
　　　My dream has come true.

UNIT 63 スポーツ３（苦手）

フレーズを言ってみる！　　　　　　CD2-25　日本語→英語

1　スポーツが苦手	not good at sports
2　だから当然	so naturally
3　体育の授業が好き	like P.E. classes
4　運動会は本当に嫌い	hate athletic meets
5　〜に参加する	take part in
6　どんな課外のスポーツにも	any after-school sports
7　私はうらやましい	I envy
8　運動神経の優れた人	good athlete
9　スポーツを楽しみたい	want to enjoy sports
10　彼らのように	like them

ポイント解説

1 これに「率直に言って」を付け加える時は frankly speaking も可。

4 「あなたなんて大嫌い」は I hate you です。

5 これを１語で言うなら join です。

7 「うらやましい」時に I'm jealous もよく使います。

英語で話してみよう！ ■日本文を見て ■本を閉じて

本当のところ、スポーツは得意ではありません。
だから当然、体育の授業は嫌いでした。
運動会は本当に嫌でした。
そして、どんな課外のスポーツにも参加しませんでした。
運動神経の優れた人がうらやましいです。
彼らのようにスポーツを楽しんでみたいです。

CD2-26　英語

Frankly, I'm not good at sports.

So naturally, I didn't like P.E. classes.

I hated athletic meets.

And I didn't take part in any after-school sports.

I envy good athletes.

I want to enjoy sports like them.

さらにひとこと

「私はバスケットチームに入っている」と言いたい時は、
　　　　I'm on a basketball team.

UNIT 64 スポーツ4（ランニング）

フレーズを言ってみる！　　　　　CD2-27　日本語→英語

1 スポーツを見つける	find a sport
2 私によく合う	suit me well
3 何だと思いますか	what do you think
4 その通りです	that's right
5 それは良い	it's good
6 君は走ることができる	you can run
7 君自身のペースで	at your own pace
8 する必要はない	don't have to
9 他人と競う	compete with others
10 私の夢は〜だ	my dream is
11 マラソンで走る	run in a marathon

ポイント解説

1 find の過去形は found です。

2 この前につける that は関係代名詞です。

3 what is it と do you think を合わせると、
What do you think it is? となります。
この質問は Yes / No で答えられないので Do を文頭に置けません。
また疑問文語順は1か所に限られるので is it でなく it is です。

英語で話してみよう！ ■日本文を見て ■本を閉じて

最近自分によく合うスポーツを見つけました。
それは何だと思いますか。
その通りです。それはランニングです。
それはいいですよ、というのも自分のペースで走れますから。
他の人と競う必要はないんです。
私の夢はマラソンで走ることです。

CD2-28　英語

Recently I found a sport that suits me well.

What do you think it is?

That's right. It's running.

It's good because you can run at your own pace.

You don't have to compete with others.

My dream is to run in a marathon.

さらにひとこと

「熱中症には注意して」と言いたい時は、
　　　Be careful about heat stroke.

UNIT 65 ガーデニング1（花）

フレーズを言ってみる！　　　CD2-29　日本語→英語

1	ガーデニングに夢中	crazy about gardening
2	たくさんのことがある	there are many things
3	学んで行う	learn and do
4	毎年	every year
5	私達は得られる	we can get
6	こんなに美しい花々	such beautiful flowers
7	その草抜き仕事	the weeding job
8	すこし大変	a little tough
9	特にそう	especially so
10	なりうる	can be
11	良い運動	good exercise

ポイント解説

3 「すべき」という形にするために不定詞（to do）にします。
(things) to learn and do

8 tough は「手ごわい」ものに使います。例えば、
tough question（難しい質問）、tough meat（かたい肉）

| 英語で話してみよう！　■日本文を見て　■本を閉じて |

私はガーデニングに夢中です。
学んですべきことがたくさんあります。
毎年こんなに美しい花が得られます。
草抜き仕事はちょっと大変です。
特に夏場はそうです。
でもガーデニングは良い運動にもなりますよ。

CD2-30　英語

I'm crazy about gardening.

There are many things to learn and do.

Every year we can get such beautiful flowers.

The weeding job is a little tough.

Especially so in summer.

But gardening can be good exercise.

さらにひとこと

「先月その種を植えた」と言いたい時は、
　　　　I planted the seeds last month.

UNIT 66 ガーデニング2（野菜）

フレーズを言ってみる！　　　CD2-31　日本語→英語

1 トマトを育てる	grow tomatoes
2 本当に満足がいく	really satisfying
3 いったんそれらが熟すと	once they mature
4 確かに	it's true
5 それらのいくつか	some of them
6 見かけがとても良い	look so good
7 でも実際は	but actually
8 とてもおいしい	very delicious
9 必要がない	there is no need
10 農薬について心配する	worry about pesticides

ポイント解説

3 once は接続詞で they mature という主語・動詞を導きます。
またこの前にある is eating は進行形ではなく、
「〜は、食べること」という意味です。

4、7 It is true 〜 but …
「確かに〜だけれど…」は定番の組み合わせです。

9 You don't need to として worry 〜 を続けることも可能です。

英語で話してみよう！　■日本文を見て　■本を閉じて

私はトマトを育てています。
それは本当に満足のいくものです。
最高なのは、いったん熟すと食べられることですね。
確かに見かけの悪いのもあります。
でも実際、それらはとてもおいしいんです。
そして農薬についての心配もありませんよ。

CD2-32　英語

I'm growing tomatoes.

It's really satisfying.

The best part is eating them once they mature.

It's true some of them don't look so good.

But actually, they are very delicious.

And there is no need to worry about pesticides.

さらにひとこと

「週末だけガーデニングをやってます」と言いたい時は、
　　I'm a weekend gardener.

UNIT 67 家事1（取り決め）

フレーズを言ってみる！　　　CD2-33　日本語→英語

1 いくらか家事をする	do some housework
2 共働きの夫婦	working couple
3 だからそれは当然だ	so it's natural
4 家の雑用を分担する	share household chores
5 結婚する	get married
6 この問題を話し合う	discuss this matter
7 リストを作成する	make a list
8 私達それぞれのために	for each of us

ポイント解説

2 We're both working. という言い方もあります。

3、4 形式主語を用いた文型で
It is ~ to share …となっています。

4 work は仕事ですが chore は雑用を表します。

6 discuss の後に about をつけないでください。talk about なら OK です。
また matter は「案件」、problem は「解決すべき問題」です。

152

| 英語で話してみよう！　■日本文を見て　■本を閉じて |

私はいくらか家事をやっています。

私達は共働きです。

だから当然、家の雑用は分担しています。

私達は結婚した時に、

この問題を話し合いました、

そして私達は各自のリストを作ったんです。

CD2-34　英語

I do some housework.

We're a working couple.

So it's natural to share household chores.

When we got married,

we discussed this matter.

And we made a list for each of us.

さらにひとこと

「彼は約束を守らない」と言いたい時は、
　　　He doesn't keep his word.

UNIT 68 家事2（分業）

フレーズを言ってみる！　　CD2-35　日本語→英語

1 例えば	for example
2 夕食を作る	cook dinner
3 皿洗いをする	do the dishes
4 料理が上手な人	good cook
5 私より	than me
6 簡単な決定	easy decision
7 2歳の子供がいる	have a two-year-old child
8 彼女を連れていく	take her
9 託児所へ	to the day-care center

ポイント解説

3 「皿を洗う」は wash the dishes ですが「皿をふく」は何でしょうか？
dry the dishes と言います。

4 good の比較級 / 最上級は well 同様、better / best です。

6 難しい決定は、difficult decision あるいは tough decision と言います。

7 「彼女は2歳です」と言う時は She is two years old.
この時（名詞の前に置いて修飾するのではない時）は year に複数の s をつけてください。

| 英語で話してみよう！　■日本文を見て　■本を閉じて |

例えば、妻が夕食を作ります。
そして私が皿洗いをします。
妻の方が私より料理が上手です。
だからそれは簡単に決められました。
私達にはまた２歳の子がいます。
私が彼女を託児所に連れていっています。

CD2-36　英語

For example, my wife cooks dinner.

And I do the dishes.

My wife is a better cook than me.

So it was an easy decision.

We also have a two-year-old child.

I take her to the day-care center.

さらにひとこと

「妻が娘を夕方迎えに行く」と言いたい時は、
　　　　My wife picks up our daughter in the evening.

UNIT 69 コンタクトレンズ1（メリット）

フレーズを言ってみる！　　　　CD2-37　日本語→英語

1 視力がいい	have good eyesight
2 私は近視です	I'm nearsighted
3 かつてはメガネをしていた	used to wear glasses
4 コンタクトをしている	wear contact lenses
5 それらは私に感じさせる	they make me feel
6 私が持っているように	like I have
7 特にすばらしい	especially great
8 私がスポーツをする時	when I play sports

ポイント解説

2 「遠視」は farsighted と言います。

3、4 メガネもコンタクトレンズも身につけるものなので、帽子や靴と同様 wear を使います。

5 （使役動詞 make ＋名詞＋動詞の原形）の形です。

6 「ように」を意味する like は、このように名詞のみならず主語・動詞などもつなぎます。

英語で話してみよう！ ■日本文を見て ■本を閉じて

視力はいいの？
私は近視。
昔はメガネだった。
でも今はコンタクトをしている。
そのおかげで、目がよくなったみたいに感じる。
スポーツをする時は特にいい。

CD2-38　英語

Do you have good eyesight?

I'm nearsighted.

I used to wear glasses.

But I wear contact lenses now.

They make me feel like I have good eyesight.

They are especially great when I play sports.

さらにひとこと

「君はメガネをかけない方がきれいに見える」と言いたい時は、
　　　You look better without glasses.

UNIT 70 コンタクトレンズ2（ケア）

フレーズを言ってみる！　　　CD2-39　日本語→英語

1 時々不便	sometimes inconvenient
2 例えば	for instance
3 日々のケアを必要とする	require daily care
4 水道水を使う	use tap water
5 私のレンズを洗浄する	clean my lenses
6 特別な洗浄液	special cleaning solution
7 ～に変えるかもしれない	might switch to
8 使い捨てのもの	disposable one
9 聞いている	have heard
10 もっと高価な	more expensive

ポイント解説

3 直訳的には「～は…を求める」という意味で require が使われています。

6 solution には「解決」や「溶液」という意味があります。

7 might は本来 may の過去形ですが、現在の推量でよく用いられます。

8 disposal は dispose（処分する）+ able（できる）の組み合わせです。また one は contact lense のことです。

10 音節（母音の位置）が分かれる長めの単語は more で比較級です。

英語で話してみよう！　■日本文を見て　■本を閉じて

コンタクトレンズは時々不便だ。
例えば、それらは日々のケアが必要だ。
そしてレンズの洗浄に水道水は使えない
特別な洗浄液を買わなければいけない。
だから使い捨てのものに変えるかもしれない。
でも、それらはもっと高いと聞いている。

CD2-40　英語

Contact lenses are sometimes inconvenient.

For instance, they require daily care.

And I can't use tap water to clean my lenses.

I have to buy a special cleaning solution.

So I might switch to disposable ones.

But I've heard they're more expensive.

さらにひとこと

「私はメガネに戻すかもしれない」と言いたい時は、
　　　I might go back to glasses.

UNIT 71 虫歯1（歯痛）

> フレーズを言ってみる！　　　　　　　CD2-41　日本語→英語

1 ひどく歯が痛む	have a bad toothache
2 昨夜	last night
3 よく眠れない	can't sleep well
4 歯医者に行く	go to the dentist
5 歯医者が言った	the dentist said
6 虫歯がある	have a cavity
7 私の歯を磨く	brush my teeth
8 毎食後	after every meal
9 甘いものを食べすぎる	eat too many sweets

> ポイント解説

1 I have a (　　). いろいろな痛みを入れて使ってください。
　頭痛 headache、腹痛 stomachache、腰痛 backache

7 「髪にブラシをかける」は brush my hair です。

9 It is (　　). いろいろな味を入れて使ってください。
　甘い sweet　　　苦い bitter　　　辛い spicy
　塩辛い salty　　酸っぱい sour　　脂っこい oily
　おいしい tasty　味のない tasteless　こってりした rich

英語で話してみよう！　■日本文を見て　■本を閉じて

昨夜ひどく歯が痛んだ。
それでよく眠れなかった。
今朝、歯医者に行った。
歯医者は私には虫歯があると言った。
毎食後、歯は磨いているんだけど。
たぶん甘いものの食べすぎだろう。

CD2-42　英語

I had a bad toothache last night.

So I couldn't sleep well.

I went to the dentist this morning.

The dentist said I have a cavity.

I brush my teeth after every meal, though.

Maybe I'm eating too many sweets.

さらにひとこと

「悪い癖をやめる必要がある」と言いたい時は、
　　I need to break my bad habits.

UNIT 72 虫歯2（予約）

フレーズを言ってみる！　　　CD2-43　日本語→英語

1 会う約束をする	make an appointment
2 そこへ行かなくてはならない	have to go there
3 詰め物をする	get a filling
4 本当のことを言うと	to tell the truth
5 私は〜が怖い	I'm afraid of
6 私の具合を悪くさせる	make me sick
7 どうすればできるのか	how can I
8 私の恐怖心を克服する	overcome my fear

ポイント解説

1 行動に対する約束は promise、面会の約束は appointment です。

4 to be honest with you と言うこともできます。

5 この後に動詞をつなぐ時は ing 形です。
　I'm afraid of (going)

6 この make は「させる」という意味で（make ＋人＋形容詞）です。
　make me happy（うれしくさせる）も同じ文型です。

8 get over my fear と言うこともできます。

英語で話してみよう！　■日本文を見て　■本を閉じて

私は歯医者の予約をした。
明日そこへ行かなくてはならない。
詰め物をするかもしれない。
本当のことを言うと、歯医者に行くことが怖い。
それを考えると具合が悪くなる。
どうしたら恐怖心を克服できるのか。

CD2-44　英語

I made a dentist's appointment.

I'll have to go there tomorrow.

I may get a filling.

To tell the truth, I'm afraid of going to the dentist.

The thought makes me sick.

How can I overcome my fear?

さらにひとこと

「治療は全く痛くなかった」と言いたい時は、
　　　　The treatment was not painful at all.

UNIT 73 風邪1（家族の風邪）

フレーズを言ってみる！　　CD2-45　日本語→英語

1	風邪をひいている	have a cold
2	先週	last week
3	たくさん咳をする	cough a lot
4	彼女が言った	she said
5	その風邪をもらう	catch the cold
6	学校で	at school
7	良くなる	get better
8	それは良い知らせだ	that's the good news
9	悪い知らせは	the bad news is
10	具合が悪くなる	get sick

ポイント解説

3 「お湯でうがいをしなさい」は、
You should gargle with warm water. です。

4 右ページの文では、この後に接続詞 that が省略されています。

8、9 この good news ～ / bad news ～ は、定番の形です。
ジョークなどでもよく用いられます。

英語で話してみよう！ ■日本文を見て ■本を閉じて

先週娘が風邪をひいていました。
とても咳をしていました。
彼女は学校でその風邪をもらったと言っていました。
しかし今、彼女は良くなっています。
それは良い知らせです。
悪い知らせとしては、私の具合がどうも悪くなっているようです。

CD2-46　英語

My daughter had a cold last week.

She was coughing a lot.

She said she caught the cold at school.

But now she's getting better.

That's the good news.

The bad news is I think I'm getting sick.

さらにひとこと

「私はのどが痛い」と言いたい時は、
I have a sore throat.

UNIT 74 風邪２（自分の風邪）

フレーズを言ってみる！　　　　　　　CD2-47　日本語→英語

1　熱がある	have a fever
2　鼻水が出る	have a runny nose
3　これらはすべて	these are all
4　風邪の症状	cold symptom
5　確実に	for sure
6　もらったに違いない	must have caught
7　娘の風邪	my daughter's cold
8　さらに悪くなる	get worse
9　きついスケジュールを抱える	have a tight schedule
10　今週	this week

ポイント解説

1　have a (　　) fever
　　(　　) 内に slight を入れれば「微熱」、high なら「高熱」です。

2　「鼻血が出る」は have a bloody nose です。
　　ちなみに blood は「血液」です。

6　(must ＋ 現在完了形) は「～したに違いない」という意味です。

9　「完全に予定が埋まった」時は have a full schedule と言います。

| 英語で話してみよう！　■日本文を見て　■本を閉じて |

私は少し熱がある。
そして鼻水も出る。
これらはすべて確実に風邪の症状だ。
娘の風邪をもらったに違いない。
それが、これ以上悪くならなければいいんだけど、
というのも今週は予定がつまっているから。

CD2-48　英語

I have a slight fever.

And I have a runny nose.

These are all cold symptoms for sure.

I must have caught my daughter's cold.

I hope it doesn't get worse,

because I have a tight schedule this week.

さらにひとこと

「私はめったに風邪をひかない」と言いたい時は、
　　　I seldom catch a cold.

UNIT 75 入院1（見舞い）

フレーズを言ってみる！　　　CD2-49　日本語→英語

1 具合はどうですか	how are you feeling
2 ずいぶん良さそう	look much better
3 ところで	by the way
4 手術が必要だ	need an operation
5 聞いてほっとした	relieved to hear
6 君のケガ	your injury
7 それほど深刻ではない	not so serious
8 みんなに知らせる	let everyone know

ポイント解説

5 I was (　) to hear that.「それを聞いて〜だった」
 (　) 内に下のような感情を表す形容詞を入れてください。
 surprised（驚く）、happy（うれしい）、sad（悲しい）、
 disappointed（がっかりする）、encouraged（励まされる）

6、7「彼は重傷を負った」と言う時は、
 He was seriously injured です。
 seriously を slightly に置き換えると「軽傷」になります。

8 「伝える」と言う時にも使役動詞 let は用いられます。
 I'll let you know as soon as I can.（できる限り早く教える）

英語で話してみよう！ ■日本文を見て　■本を閉じて

やあ、具合はどう？
今日はずいぶん良さそうだね。
ところで手術は必要なの？
ああ、それを聞いて安心した。
じゃあ、ケガはそんなにひどくないんだね。
よかった。みんなに知らせておくよ。

CD2-50　英語

Hi, how are you feeling?

You look much better today.

By the way, do you need an operation?

Oh, I'm relieved to hear that.

So your injury is not so serious.

Great. I will let everyone know.

さらにひとこと

「まだ痛みますか」と尋ねたい時は、
　　　Does it still hurt?

UNIT 76 入院2（退院）

フレーズを言ってみる！　　　CD2-51　日本語→英語

1 いつできますか	when can you
2 退院する	leave the hospital
3 そんなに早く	so soon
4 それはいい	that's good
5 君を待つ	wait for you
6 戻ってくる	come back
7 心配しないで	don't worry
8 君の仕事について	about your job
9 それを何とかできる	can manage it
10 お大事に	take care of yourself

ポイント解説

2 「彼は入院した」は、He was admitted to the hospital. と言います。「入院している」であれば、He is in the hospital です。

4 いい知らせを聞いた時は、こう返します。
hear を加えて、That's good to hear と言うこともあります。

9 I managed to finish it（何とか終えられた）というふうにも使います。

10 お見舞いに行った時の決まり文句です。

| 英語で話してみよう！　■日本文を見て　■本を閉じて |

いつ退院できるの？
そんなに早く？　それはよかった。
みんな君が戻ってくるのを待っているよ。
仕事のことは心配しないで。
私達で何とかできるから。
じゃあ、お大事に。

CD2-52　英語

When can you leave the hospital?

So soon? That's good.

Everyone's waiting for you to come back.

Don't worry about your job.

We can manage it.

Take care of yourself then.

さらにひとこと

「次回、何か持ってこようか」と尋ねたい時は、
　　　Shall I bring you something next time?

UNIT 77 健康管理1（生活）

フレーズを言ってみる！　　　　CD2-53　日本語→英語

1 私の健康を気にかける	care about my health
2 多くのことをやめる	give up many things
3 煙草をやめる	quit smoking
4 アルコールを飲む	drink alcohol
5 週末だけ	only on weekends
6 控えめに食べる	eat moderately
7 十分な睡眠をとる	get enough sleep

ポイント解説

1 逆に「どうでもいい」のであれば、I don't care と言います。
「誰も気にしないよ」と言う時は、Who cares? です。

3 quit は過去形も quit です。I give up smoking とも言えます。

5 週末は日にちと同様、前置詞は on を使います。

6 moderate は「穏やかな」という意味で、
「適度な運動」であれば、moderate exercise と言います。

7 「睡眠不足のため」と言う時は、because of a lack of sleep と言います。

英語で話してみよう！　■日本文を見て　■本を閉じて

私は健康を気にかけている。
多くのことをやめた。
煙草を吸うのをやめた。
週末しかアルコールは飲まない。
いつも食べる量は控えめにしている。
そして十分睡眠をとっている。

CD2-54　英語

I care about my health.

I have given up many things.

I quit smoking.

I drink alcohol only on weekends.

I always eat moderately.

And I get enough sleep.

さらにひとこと

「私は体調がいい」と言いたい時は、
　　　I'm in good shape.

UNIT 78 健康管理２（ジム）

フレーズを言ってみる！　　CD2-55　日本語→英語

1	どんなに忙しくても	no matter how busy
2	見つけようとする	try to find
3	運動のための時間	time for exercise
4	ジムに行く	go to the gym
5	週2回	twice a week
6	体重が減る	lose weight
7	健康を意識する人	health-conscious person
8	もし違うなら	if not
9	なるべきだ	should be

ポイント解説

1 no matter（　）は無制限を表す表現で、（　）内には what、where、when など、いろいろな疑問詞が入ります。

5 3回以上になると time を使います。three times（3回）

6 「体重が増える」は、gain weight または put on weight です。

8、9 not や be の後ろには a health-conscious person が省略されています。

英語で話してみよう！　■日本文を見て　■本を閉じて

私はどんなに忙しくても、
運動の時間を見つけるようにしています。
週2回ジムに行っています。
ようやく体重が減り始めました。
あなたは健康を意識している人ですか。
もしそうでないのなら、そうなるべきです。

CD2-56　英語

No matter how busy I am,

I try to find time for exercise.

I go to the gym twice a week.

Finally I'm losing weight.

Are you a health-conscious person?

If not, you should be!

さらにひとこと

「健康は富に勝る」と言いたい時は、
  Health is better than wealth.

UNIT 79 勉強1（友人と）

フレーズを言ってみる！　　　CD2-57　日本語→英語

1	勉強することが好き	like to study
2	君の友人と	with your friends
3	一部の人は思う	some people think
4	良い勉強方法	good way of studying
5	誰でも持っている	everyone has
6	彼自身の得意科目	his own strong subject
7	お互いを助け合う	help each other out
8	～には一理ある	there is something to
9	ことわざ	old saying
10	2つの頭の方が良い	two heads are better

ポイント解説

3 「～のような人もいれば、…のような人もいる」と言いたい時は、some ～, and others … という言い方をします。

6 「苦手な科目」は weak subject です。

7 help out は「(困っている人を) 助け出す」という意味です。

9 「ことわざ」は old saying や proverb と言います。

176

英語で話してみよう！ ■日本文を見て ■本を閉じて

君は友達と勉強するのが好きですか。
それを良い勉強方法と思う人もいます。
誰でも自分の強い科目があります。
だから私達はお互い助け合うことができます。
そのことわざには一理あります、
「2つの頭は1つに勝る」

CD2-58　英語

Do you like to study with your friends?

Some people think it's a good way of studying.

Everyone has his or her own strong subject.

So we can help each other out.

There is something to the old saying,

"Two heads are better than one."

さらにひとこと

「このことわざは、どういう意味ですか」と尋ねたい時は、
What does this proverb mean?

UNIT 80 勉強2（一人で）

フレーズを言ってみる！　　　　　CD2-59　日本語→英語

1 私が勉強する時	when I study
2 誰かほかの人と	with somebody else
3 よく話し始める	often start talking
4 彼または彼女と	with him or her
5 そういうわけで	that's why
6 勉強することを好む	prefer to study
7 そのようにして	in that way
8 ～により集中する	concentrate better on
9 質問に答えられない	can't answer a question
10 大きな手助け	big help

ポイント解説

5 that's why は理由を言った後に使う表現です。
（理由→that's why→結論）の順序になります。例えば、
She is kind. That's why I like her.

7 「方法」を意味する way の前置詞は in です。

8 concentrate on は固定的な組み合わせです。

英語で話してみよう！ ■日本文を見て ■本を閉じて

誰かほかの人と勉強すると、
よくその人と話し始めてしまう。
だから一人で勉強する方がいい。
そうした方がより勉強に集中できる。
本当に質問に答えられない時も、
インターネットが大きな手助けになってくれる。

CD2-60　英語

When I study with somebody else,

I often start talking with him or her.

That's why I prefer to study alone.

In that way I can concentrate better on studying.

When I really can't answer a question,

the Internet can be a big help.

さらにひとこと

「図書館は静かな場所であるべきだ」と言いたい時は、
　　　　The library should be a quiet place.

UNIT 81 試験1（緊張）

フレーズを言ってみる！ CD2-61 日本語→英語

1	緊張する	feel nervous
2	試験前	before an exam
3	もちろん	of course
4	私の最善をつくす	try my best
5	どうやってそうするか	how to do so
6	そういえば	come to think of it
7	冷静に見える	look calm
8	あなたの秘訣	your secret
9	深呼吸する	take a deep breath
10	それだけですか	is that all

ポイント解説

1 舞台（stage）に上がることを恐怖（fright）に感じることから、「人前であがる」は get stage fright と言います。

2 exam は examination の略です。

6 come to think of it は、ふと思いついた時の決まり文句です。

8 secret は「秘密」のみならず、「秘訣」という意味もあります。

英語で話してみよう！ ■日本文を見て ■本を閉じて

試験前はいつも緊張する。
もちろん、精いっぱいリラックスしようとしている。
でも、そのやり方がわからない。
そういえば、あなたはいつも冷静に見えるけど。
秘訣は何なの？
深呼吸しているって？　たったそれだけ？

CD2-62　英語

I always feel nervous before an exam.

Of course, I try my best to relax.

But I don't know how to do so.

Come to think of it, you always look calm.

What's your secret?

Taking a deep breath? Is that all?

さらにひとこと

「緊張している」を比喩を使って言いたい時は、
　　　I have butterflies in my stomach.　（直訳：腹に蝶がいる）

181

UNIT 82 試験2（点数）

フレーズを言ってみる！　　　CD2-63　日本語→英語

1	テスト結果をもらう	get the test result
2	100点中70点	70 out of 100
3	少し	a bit
4	平均より上	above the average
5	～のはずだ	should be
6	私の一番の得意科目	my strongest subject
7	私の点数に満足した	satisfied with my score
8	それは確実だ	that's for sure

ポイント解説

1 何かを手にした時の動詞は、get が第一候補です。

2 「10人中5人」の時も five out of ten という表現になります。

4 「平均より下」であれば below the average です。

5 should の意味は「～すべき」「～のはず」です。

8 何かを言い切った後に使ってください。for を忘れないように。

英語で話してみよう！　■日本文を見て　■本を閉じて

今日テスト結果が返ってきた。
100点中70点取れただけだった。
それは平均より少し上だった。
だけど化学は一番得意な科目のはずなんだ。
だから自分の点数には満足できない。
それだけは言える。

CD2-64　英語

I got the test result today.

I only got 70 out of 100.

It was a bit above the average.

But chemistry should be my strongest subject.

So I can't be satisfied with my score.

That's for sure.

さらにひとこと

「テストの点どうだった？」と尋ねたい時は、
　　　What did you get on the test?

183

UNIT 83 英語1（リスニング）

フレーズを言ってみる！　　　　　CD2-65　日本語→英語

1 自由に意思を伝える	communicate freely
2 英語で	in English
3 それを毎日勉強する	study it every day
4 問題を抱えていない	have no problem
5 文法に関して	with grammar
6 リスニングが弱い	weak at listening
7 さまざまな素材を使う	use various materials
8 依然として難題	still a challenge
9 私には	for me

ポイント解説

2 言語の前置詞は in で。

3 日々繰り返すことは進行形でも言えます。

4、5 「問題」の後ろは with でつなぐことが多いです。
What's wrong with you?（どうしたの？）

6 苦手はほかに poor at や bad at が使えます。得意は good at ～。

8 challenge には単に「難しい」だけでなく「やりがいのある」という意味が含まれます。That's challenging も同様です。

英語で話してみよう！　■日本文を見て　■本を閉じて

私は英語で自由にコミュニケーションしたい。
それで、毎日それを勉強している。
そうだなあ、文法は問題ない。
でもリスニングは弱い。
いろいろなリスニング素材を使っている。
それはまだ自分には難題なんだけど。

CD2-66　英語

I want to communicate freely in English.

So I'm studying it every day.

Well, I have no problem with grammar.

But I'm weak at listening.

I use various materials.

It's still a challenge for me, though.

さらにひとこと

「私は英語をやり直す必要がある」と言いたい時は、
　　　　I need to brush up on my English.

UNIT 84 英語2（ラジオ講座）

フレーズを言ってみる！　　　　　　　　CD2-67　日本語→英語

1　英語を学ぼうとする	try to learn English
2　映画を使って	with movies
3　私には難しすぎる	too difficult for me
4　全く聞き取れなかった	just couldn't catch
5　彼らが言っていたこと	what they were saying
6　それから私は気づいた	then I noticed
7　より簡単な素材	easier materials
8　より効果がある	work better
9　英語のラジオ番組	English radio program
10　私の聞き取り力	my listening skill
11　遅いが確実に上達する	improve slowly but surely

ポイント解説

3 too ～ (for 人) to do … （…するには～すぎる）は定番文型です。

4 強調の just と can't はよく使う組み合わせです。

5 この what は関係代名詞で「こと」という意味です。

11 slowly but surely は決まり文句です。

英語で話してみよう！ ■日本文を見て　■本を閉じて

一度映画で英語を学ぼうとした。
でも、それは私には難しすぎた。
そこで言っていることが全く聞き取れなかった。
それから、もっと簡単な素材の方がうまくいくことに気づいた。
今、英語のラジオ番組を聞いている。
私の聞き取り力はゆっくりだが確実に上達している。

CD2-68　英語

Once I tried to learn English with movies.

But it was too difficult for me.

I just couldn't catch what they were saying.

Then I noticed easier materials work better.

Now I'm listening to an English radio program.

My listening skill is improving slowly but surely.

さらにひとこと

「どこでその発音を身につけたの？」と尋ねたい時は、
　　　　Where did you pick up that pronunciation?

UNIT 85 数学1（苦手）

フレーズを言ってみる！　　　　　　　　CD2-69　日本語→英語

1　かつて　　　　　　　　　used to

2　数学が嫌い　　　　　　　dislike math

3　なぜだかわからない　　　don't know why

4　勉強しなければならない　have to study

5　私が意味すること　　　　what I mean

6　高校で　　　　　　　　　in high school

7　素晴らしい先生に出会う　meet a great teacher

8　私の人生を変える　　　　change my life

ポイント解説

3、4　why 以下の疑問文が文に入り込んだ間接疑問文です。
　　　why 以下を疑問文語順にしないように。
　　　didn't know に合わせ have to も had to にします。（時制の一致）

5　what を関係代名詞（こと）のように訳していますが、疑問詞（何）と考えてもかまいません。

7　meet の過去形は met です。

8　この場面で使う「完全に」は completely や totally です。

英語で話してみよう！　■日本文を見て　■本を閉じて

昔は数学が嫌いでした。
なぜそれを勉強しなければならないのか、わかりませんでした。
私が言っていることがわかりますか？
でも私が高校にいた時、
素晴らしい先生に出会ったのです。
彼女は私の人生を完全に変えてくれました。

CD2-70　英語

I used to dislike math.

I didn't know why I had to study it.

Do you know what I mean?

But when I was in high school,

I met a great teacher.

She changed my life completely.

さらにひとこと

「私の息子は九九を覚えている」と言いたい時は、
　　　My son is learning the multiplication table.

UNIT 86 数学2(教え方)

フレーズを言ってみる！　　　　　　　CD2-71　日本語→英語

1 彼女の教え方	her teaching style
2 かなりユニーク	rather unique
3 本当に私達に教える	really teach us
4 ただ問題を解く	just solve problems
5 私達と一緒になって	together with us
6 すると、不思議なことに	then, strangely
7 面白くなる	become interesting
8 それを信じられない	can't believe it
9 それ以来	since then
10 私の好きな科目	my favorite subject

ポイント解説

2 uni は数字の「1」を表します。ですから「単位」は unit と言います。また「日本独特の」という時は unique to Japan と言います。

6 strangely enough というふうに enough をつけることもあります。

7 become の過去形は became です。

8 「信じられない！」を一語で言うなら Unbelievable! や Incredible! です。

英語で話してみよう！　■日本文を見て　■本を閉じて

彼女の教え方はかなりユニークでした。
彼女は実際、私達に教えませんでした。
ただ私達と一緒に問題を解いただけでした。
すると、不思議なことに数学が面白くなってきました。
私はそれが信じられませんでした。
それ以来、数学が私の好きな科目になっています。

CD2-72　英語

Her teaching style was rather unique.

She didn't really teach us.

She just solved problems together with us.

Then, strangely, math became interesting.

I couldn't believe it.

Since then, math has been my favorite subject.

さらにひとこと

「宿題に電卓を使った」と言いたい時は、
　　　I used a calculator for my homework.

UNIT 87 留学1（国）

フレーズを言ってみる！　　　　　　　CD2-73　日本語→英語

1 〜に興味がある	interested in
2 留学	studying abroad
3 ずっと望んでいた	have long wanted
4 もし可能なら	if possible
5 行きたい	would like to go
6 なぜだかわかりますか	do you know why
7 学生に人気がある	popular with students
8 世界中からの	from all over the world
9 友人を作れる	can make friends
10 いろいろな場所からの	from various places

ポイント解説

2 abroad は「海外で」という意味ですが、Welcome aboard.（ご搭乗ありがとうございます）の aboard と見間違えやすいです。前者は broad（幅広い）、後者は board（板＝甲板）から作られています。

3 現在完了形の have wanted に long が入った形です。

4 if possible は if I can とも言えます。いずれも使いやすい表現です。

7 popular の後に続く前置詞は with や among です。
例えば、popular among people（人々に人気）

英語で話してみよう！ ■日本文を見て　■本を閉じて

あなたは留学に興味があるの？
私はずっとそうしたいと思っていた。
できるなら、アメリカに行きたい。
どうしてだかわかる？
アメリカは世界中の学生に人気があるでしょ？
だから、いろいろな場所の人と友達になれる。

CD2-74　英語

Are you interested in studying abroad?

I have long wanted to do so.

If possible, I would like to go to the U.S.

Do you know why?

The U.S. is popular with students from all over the world.

So you can make friends from various places.

さらにひとこと

「どの国がお勧めですか」と尋ねたい時は、
　　　Which country do you recommend?

UNIT 88 留学2（費用）

フレーズを言ってみる！　　　　　　CD2-75　日本語→英語

1 体験したい	want to experience
2 新たな文化	new culture
3 最良の方法の1つ	one of the best ways
4 君は学ぶことができる	you can learn
5 その地方の言葉	the local language
6 同様に	as well
7 素晴らしい機会	great opportunity
8 どんな人にも	for anyone
9 確かに	to be sure
10 多くの費用がかかる	cost a lot
11 さまざまな奨学金	various scholarships

ポイント解説

6 「同様」を意味する as well と as well as を使い分けましょう。
　「A、そしてBも同様に」　　A, and B as well
　「Bと同様にAも」　　　　A as well as B

11 本文では available（利用できる）という形容詞が名詞の後ろに来ています。
　　同様の語順の例は、
　　There are many people waiting.（待っている多くの人がいる）

| 英語で話してみよう！　■日本文を見て　■本を閉じて |

もし君が新たな文化を体験したいなら、
留学することは最良の方法の１つです。
その土地の言葉も同様に学べます。
それは誰にとっても素晴らしい機会です。
確かに、多額の費用がかかります。
しかし、利用できるさまざまな奨学金もあります。

CD2-76　英語

If you want to experience a new culture,

studying abroad is one of the best ways.

You can learn the local language as well.

It is a great opportunity for anyone.

To be sure, it costs a lot.

But there are various scholarships available.

さらにひとこと

「それは私の視野を広げてくれるだろう」と言いたい時は、
　　　It'll broaden my horizons.

UNIT 89 出迎え1（初対面）

フレーズを言ってみる！　　CD2-77　日本語→英語

1 すみませんが	excuse me, but
2 あなたはジョンソンさんですか	are you Mr. Johnson
3 私は田中です	I'm Ms. Tanaka
4 XYZ通商からの	from XYZ Commerce
5 はじめまして	nice to meet you
6 ～に感謝します	thank you for
7 はるばるやってくる	come all the way
8 ロンドンから	from London
9 フライトはいかがでしたか	how was your flight
10 それはいけませんね	that's too bad

ポイント解説

3　未婚女性 Miss ／ 既婚女性 Mrs. という使い分けもありますが、Mr. 男性、Ms. 女性と分けるのが無難です。また本文のように、初対面や電話の時に自分の名前に Mr. や Ms. をつけることがあります。

10　悪い知らせを聞いた時の定番フレーズです。
　　相手が turbulence と言えば、それは「乱気流」のことです。
　　良い知らせであれば、前にも出た That's good と返すのがいいでしょう。

英語で話してみよう！ ■日本文を見て ■本を閉じて

すみませんが、ジョンソンさんですか。
私はXYZ通商の田中です。
はじめまして。
ロンドンからはるばる、ありがとうございます。
フライトはいかがでしたか。
ああ、それはいけませんね。

CD2-78　英語

Excuse me, but are you Mr. Johnson?

I'm Ms. Tanaka from XYZ Commerce.

Nice to meet you.

Thank you for coming all the way from London.

How was your flight?

Oh, that's too bad.

さらにひとこと

「時差ぼけはありますか」と尋ねたい時は、
　　　　Do you have jet lag?

UNIT 90 出迎え2（予定）

フレーズを言ってみる！　　　CD2-79　日本語→英語

1 あなたの初めての訪問	your first visit
2 日本への	to Japan
3 疲れているに違いない	must be tired
4 私に運ばせてください	let me carry
5 あなたの荷物	your baggage
6 あなたを連れていく	take you
7 まずホテルへ	to the hotel first
8 車がある	have a car
9 外で待っている	waiting outside
10 予定を説明する	explain the schedule
11 車の中で	in the car

ポイント解説

3 「違いない」という意味の must です。

7 first の使い方を整理しておきましょう。
　first of all（まず第一に）　　in the first place（そもそも）
　at first（最初は）　　　　　for the first time（初めて）

10 explain の後に人を続ける時は、explain to you のように to を使います。

198

英語で話してみよう！ ■日本文を見て ■本を閉じて

今回初めてのご来日ですか。
お疲れでしょう。
お荷物をお持ちしましょう。
まずホテルにお連れします。
車を外に待たせていますので。
予定は車の中でご説明しましょう。

CD2-80　英語

Is this your first visit to Japan?

You must be tired.

Let me carry your baggage.

I'll take you to the hotel first.

I have a car waiting outside.

I'll explain the schedule in the car.

さらにひとこと

「お会いできるのを楽しみにしてました」と言いたい時は、
　　　　We've been expecting you.

UNIT 91 電話1（かける）

フレーズを言ってみる！　　　　　CD2-81　日本語→英語

1 こちらは〜です	this is
2 AZ 貿易の	from AZ Trade
3 〜さんをお願いできますか	can I speak to
4 伝言を残す	leave a message
5 彼女に言ってください	please tell her
6 私は空いている	I'm available
7 次の金曜	next Friday
8 〜を楽しみにする	look forward to

ポイント解説

1 電話をかけた時は I am ではなく this is です。

3 本人が電話をとった場合は、
Speaking とか This is he (she) と答えます。

6 available（利用できる）は大変便利な形容詞で人やもので使えます。
She is not available.（彼女は今、出られない）
The ticket is not available.（チケットは入手できない）

8 look forward to の後に動詞を入れる時は ing 形です。

英語で話してみよう！　■日本文を見て　■本を閉じて

もしもし、こちらはAZ貿易の伊藤健ですが。
ホワイトさんをお願いできますか。
それでは伝言をお願いしたいのですが。
彼女に伝えてください、
私は次の金曜日は空いています、
そして彼女にお会いできることを楽しみにしております。

CD2-82　英語

Hello, this is Ken Ito from AZ Trade.

Can I speak to Ms. White?

Then, can I leave a message?

Please tell her

I'm available next Friday,

and I'm looking forward to meeting her.

さらにひとこと

「伝言を承りましょうか」と尋ねたい時は、
　　　　May I take a message?

UNIT 92 電話2（受ける）

フレーズを言ってみる！　　　CD2-83　日本語→英語

1 どういうご用件でしょう　　how can I help you

2 お名前を伺えますか　　may I have your name

3 切らずに待つ　　hold the line

4 調べてみる　　I'll see

5 彼女ができるかどうか　　if she can

6 あなたと話す　　speak with you

7 別の電話に　　on another line

8 切らずに待ちたい　　would like to hold

ポイント解説

1 Can I help you? と同様、受付の人の定番フレーズです。

2 What's your name? では直接的すぎて失礼な表現になります。

3 「すこし、このままお待ちください」は、
Hold on a second, please と言います。この second は「秒」です。

5 この if の意味は、ここまで何度か出ている「〜かどうか」です。

7 「おつなぎします」と言う時は、I'll put you through です。

英語で話してみよう！　■日本文を見て　■本を閉じて

ZZファンドです。どういうご用件でしょうか。
もう一度お名前をお願いします。
このままお待ちください。
彼女が今話せるか見てみます。
申し訳ありません、彼女は別の電話に出ています。
このまま待たれますか。

CD2-84　英語

ZZ Fund. How can I help you?

May I have your name again?

Hold the line, please.

I'll see if she can speak with you.

Sorry, she is on another line.

Would you like to hold?

さらにひとこと

「回線が話し中になっている」と言いたい時は、
　　The line is busy.

UNIT 93 プレゼン１（導入）

フレーズを言ってみる！　　　CD2-85　日本語→英語

1 始めましょうか	shall we start
2 みなさん、こんにちは	good afternoon, everyone
3 まずはじめに	first of all
4 私自身の紹介をする	introduce myself
5 営業部	the sales department
6 説明したい	would like to explain
7 当社の新たな販売戦略	our new sales strategy
8 私は思う	I think
9 20分かかる	take twenty minutes

ポイント解説

1 雑談をやめて「仕事の話に入ろう」と言う時は、OK, let's get down to business と言います。

3 To begin with もよく使われる導入フレーズです。

5 (　) department
　(　) 内に下の部署名を入れて使ってください。
　人事 personnel　　　技術 engineering
　広報 public relations　製造 manufacturing
　経理 accounting　　　輸出 export

英語で話してみよう！ ■日本文を見て　■本を閉じて

そろそろ始めましょうか。
みなさん、こんにちは。
最初に自己紹介させていただきます。
私は営業部の吉田ユミと申します。
今日は当社の新たな販売戦略を説明させていただきます。
20分程度になるかと思います。

CD2-86　英語

Shall we start now?

Good afternoon, everyone.

First of all, let me introduce myself.

I'm Yumi Yoshida from the sales department.

Today I would like to explain our new sales strategy.

I think it will take about twenty minutes.

さらにひとこと

「みなさん、おそろいですか」と尋ねたい時は、
　　　Is everybody here?

UNIT 94 プレゼン2（資料）

フレーズを言ってみる！　　　CD2-87　日本語→英語

1	あなた達全員	all of you
2	資料を持つ	have the handout
3	はいどうぞ	here you go
4	グラフを見る	look at the graph
5	つまり	I mean
6	一番上のもの	the one at the top
7	1ページ目の	of page one
8	私達の売り上げを示す	show our sales
9	ご覧のように	as you can see
10	5年分を扱う	cover five years

ポイント解説

4 「見てもらいたい」時は、
I would like you to look ～ という言い方もできます。

また、グラフの種類を英語で言うと、
棒グラフ bar graph、折れ線グラフ line graph、円グラフ pie chart、そして図が figure、表が table です。

9 「ご存じのように」であれば、as you know です。

英語で話してみよう！ ■日本文を見て ■本を閉じて

皆さん、資料は行き渡っていますか。
ありませんか。じゃあ、はいどうぞ。
まず、グラフをご覧ください。
つまり、1ページ目の一番上のものです。
中国での当社の売り上げを表しています。
ご覧のように、そのグラフは5年分です。

CD2-88　英語

Do all of you have the handout?

No? OK, here you go.

First, please look at the graph.

I mean, the one at the top of page one.

It shows our sales in China.

As you can see, the graph covers five years.

さらにひとこと

「一番下の表をご覧ください」と言いたい時は、
　　　Please look at the table at the bottom.

UNIT 95 プレゼン3（主張）

フレーズを言ってみる！　　　　　CD2-89　日本語→英語

1 全般的に	in general
2 あまりに楽観的	too optimistic
3 忘れないようにしよう	let's not forget
4 私達の競争相手	our competitors
5 多くの企業	many companies
6 この市場に関心がある	interested in this market
7 考え出す	come up with
8 新たな戦略	new strategy
9 10ページを開ける	turn to page 10
10 いくつかの提案のために	for some proposals

ポイント解説

1 「全般的に」と言う時は、他に Generally speaking あるいは単に Generally も使えます。On the whole もあります。

3 let's の否定は、このように let's not として動詞の原形をつなげます。

7 よく用いられる熟語です。

9 「次のページを開けてください」と言いたい時は、Please turn to the next page です。

英語で話してみよう！ ■日本文を見て ■本を閉じて

全般的に、売り上げは増えています。
しかし、あまり楽観的にはなれません。
忘れてはならないのは競争相手です。
多くの企業がこの市場に関心を持っています。
ですから、新たな戦略を考え出す必要があります。
何件か提案が出ていますので10ページを開けてください。

CD2-90　英語

In general, sales are increasing.

But we can't be too optimistic.

Let's not forget our competitors.

Many companies are interested in this market.

So we have to come up with a new strategy.

Please turn to page 10 for some proposals.

さらにひとこと

「そんなに悲観的になるべきではない」と言いたい時は、
　　We shouldn't be so pessimistic.

UNIT 96 プレゼン4（結び）

フレーズを言ってみる！　　　　　CD2-91　日本語→英語

1　何か質問がある　　　　　have any questions

2　喜んで〜する　　　　　　would be happy to

3　今それらに答える　　　　answer them now

4　素晴らしい質問　　　　　great question

5　もう質問がない　　　　　no more questions

6　終わらせてください　　　let me finish

7　私のプレゼン　　　　　　my presentation

8　〜に感謝する　　　　　　thank you for

9　あなた方の注意　　　　　your attention

ポイント解説

4　「それを尋ねてもらえてうれしいです」と言うことがあります。
　その時は、I'm glad you asked と言います。

5　no more 〜 は「これ以上〜がない」という表現です。

6　締めくくりの言葉として、
　That's all for my presentation というのも定番です。

8、9　もう少しシンプルに言いたい時は Thanks for listening です。

> 英語で話してみよう！　■日本文を見て　■本を閉じて

何か質問があれば、
今喜んでお答えしますが。
それは素晴らしい質問ですね。
もう質問はありませんか。
それでは私のプレゼンを終わらせていただきます。
ご静聴いただき、ありがとうございました。

CD2-92　英語

If you have any questions,

I'd be happy to answer them now.

That's a great question.

No more questions?

Then, let me finish my presentation.

Thank you for your attention.

> さらにひとこと

「気軽に尋ねてください」と言いたい時は、
　　　　　Please feel free to ask.

UNIT 97 交渉1（要求）

フレーズを言ってみる！　　　CD2-93　日本語→英語

1　貴社のサンプル	your sample
2　貴社の製品	your product
3　品質を気に入る	like the quality
4　しかし率直に言って	but frankly
5　私達には高すぎる	too high for us
6　オファーをもらっている	have an offer
7　他社から	from another company
8　それは可能ですか	is it possible
9　10％程度の値引き	10% or so discount

ポイント解説

3　「いいですね」ということを like を使って表現しています。

4　frankly speaking と言うこともできます。

7　複数で言いたい時は from other companies です。

8　もっとシンプルに言うと、can we (get) です。

9　ここでも動詞は「得られる」ものなので get の登場です。
　　or so は「〜程度」という意味です。

英語で話してみよう！ ■日本文を見て ■本を閉じて

サンプルをありがとうございます。
貴社の製品は素晴らしいと思います。
その品質に関しては、皆満足してます。
ただ率直に言って、値段が当社には高すぎます。
さらに他社からのオファーもございまして。
そこで、10％程度の値引きをお願いできますでしょうか。

CD2-94　英語

Thank you for your samples.

I think your product is great.

We all like the quality.

But frankly, the price is too high for us.

And we have an offer from another company.

So is it possible to get a 10 % or so discount?

さらにひとこと

「税込みですか」と尋ねたい時は、
　　　Is the tax included?

UNIT 98 交渉2（対応）

フレーズを言ってみる！　　CD2-95　日本語→英語

1	確かではない	I'm not sure
2	私達に何ができるか	what we can do
3	当社の値引き率	our discount rate
4	通常5％オフ	usually 5% off
5	私達はわかっている	we know
6	大切な顧客	important customer
7	それを話し合う	discuss it
8	私の上司と	with my boss
9	あなたに後で電話する	call you back
10	今日の午後	this afternoon
11	あなたにとって大丈夫	OK with you

ポイント解説

1 本文全般の言い回しについて、日本語と英語を見比べてください。
礼節をつくす日本語表現と、機能性を重視する英語表現。
この違いを意識することも、英語上達のための大切なポイントです。

2 文中に疑問文が入る間接疑問文です。

6 「客」を区別しておきましょう。
顧客 customer / 乗客 passenger / 依頼主 client / 招待客 guest

| 英語で話してみよう！ ■日本文を見て ■本を閉じて |

ええ、どのようにできるかはっきり申し上げられません。
当社の値引き率は通常5％です。
しかし貴社が当社の大切な取引先というのは承知しております。
そこで上司に掛け合ってみましょう。
今日の午後にでも、こちらから電話させてください。
それでよろしいでしょうか。

CD2-96 英語

Well, I'm not sure what we can do.

Our discount rate is usually 5% off.

But we know you're an important customer for us.

So I'll discuss it with my boss.

Let me call you back this afternoon.

Is that OK with you?

さらにひとこと

「価格は交渉の余地がある」と言いたい時は、
　　The price is negotiable.

UNIT 99 謝罪1（謝る）

フレーズを言ってみる！　　CD2-97　日本語→英語

1	本当に申し訳ない	I'm very sorry
2	全部私の失敗	all my fault
3	チェックすべきだった	should have checked
4	もっと細かく	more closely
5	私は信じられない	I can't believe
6	そんな間違いをする	make such a mistake
7	確実にする	make sure
8	再び起こる	happen again
9	私は何をすべきか	what should I do

ポイント解説

1 「どうか許してください」は、ほかに次のようなものがあります。
　Please forgive me. / Please accept my apology.

2 「へまをした」というような言い方をする時は、
　I messed up と言います。mess は「混乱」を意味します。

7 make sure は「しっかり確認する」ことを意味します。
　Make sure that everything is OK.（すべて順調か確認しなさい）

9 自問する時は よく I wonder を使って次のようにも言います。
　I wonder what I should do now.

英語で話してみよう！ ■日本文を見て　■本を閉じて

本当に申し訳ないです。
それは全部私の失敗です。
もっと細かくすべてをチェックすべきでした。
自分がそんな間違いをしたなんて信じられません。
再び起こらないように気をつけます。
でも今、どうしたらいいのでしょうか。

CD2-98　英語

I'm very sorry.

It's all my fault.

I should have checked everything more closely.

I can't believe I made such a mistake.

I'll make sure it doesn't happen again.

But what should I do now?

さらにひとこと

「それについては悪かったと思う」と言いたい時は、
　　　I feel bad about it.

UNIT 100 謝罪2（慰める）

フレーズを言ってみる！　　　CD2-99　日本語→英語

1	大丈夫だ	that's all right
2	君自身を責める	blame yourself
3	それは起こりうる	it could happen
4	誰にでも	to anybody
5	私達はわかっている	we know
6	君の最善を尽くす	do your best
7	それは〜にしよう	let it be
8	次回のための教訓	lesson for next time
9	まだ時間はある	still have time
10	それを修復する	fix it

ポイント解説

2 「その失敗で彼を責める」は以下の2通りの言い方があります。
　blame him for the failure（for 以下で理由を述べています）
　blame the failure on him（彼に押しつけるイメージです）

3 可能性を示す could です。

7 let（使役動詞）it（目的語）be（動詞の原形）の形です。
　（ビートルズの Let It Be は「あるがままに」という意味です）

8 「教訓を得る」は learn a lesson です。

英語で話してみよう！ ■日本文を見て ■本を閉じて

大丈夫だよ、ジョン。
自分を責めるなよ。
それは誰にでも起こりうることだよ。
君が最善を尽くしたのは、みんなわかってる。
次回の教訓にしよう。
それに、修復できる時間はまだあるよ。

CD2-99　英語

That's all right, John.

Don't blame yourself.

It could happen to anybody.

We know you did your best.

Let it be a lesson for next time.

And we still have time to fix it.

さらにひとこと

「もういいから」と言いたい時は、
　　　Just forget it.

目指せ100ユニットマスター

　本を閉じて、「なりきって」英文を言うことができたら、印をつけてください。

1	2	3	4	5	6	7	8	9	10
11	12	13	14	15	16	17	18	19	20
21	22	23	24	25	26	27	28	29	30
31	32	33	34	35	36	37	38	39	40
41	42	43	44	45	46	47	48	49	50
51	52	53	54	55	56	57	58	59	60
61	62	63	64	65	66	67	68	69	70
71	72	73	74	75	76	77	78	79	80
81	82	83	84	85	86	87	88	89	90
91	92	93	94	95	96	97	98	99	100

　やさしそうなUNITから手をつけていくと、あちこちに印がついて、やる気が出てきます。また、UNIT数を重ねていくと、英文のインプット量が増え自分なりにアレンジした英文が言えるようになります。

あとがきにかえて―英語の Trouble Shooting

こんな時はどうする？

1　文法がわからない。
　本書にも当てはまりますが、英会話の文法は中学２、３年レベルが中心になっています。そのあたりの詳しいものを参考にされるといいと思います。

2　リスニングができない。
　わからないものをただ聞き流すだけでは、リスニング力の向上は期待できません。最初にしっかり英文を丸暗記するほど見て、リスニングに臨むことをお勧めします。

3　英文を覚えられない。
　前書きにも書きましたが、ヒントとなるようなメモを作ってそれを見ながら英文を言うようにすると楽に英文が言えるようになります。

4　発音に自信がない。
　無理に英語らしく話そうとせず、「楽な発音が正しい発音だ」とまず割り切りましょう。その上で以下の３つの発音は少し意識してください。「触れる／触れない」が鍵です。

　（１）th (three / this) 前歯と舌先が触れる。
　（２）fとv (four / very) 前歯と下唇が触れる。

（3）rとl（read / lead）舌先がrではどこにも触れず、lは前歯の後ろに触れる。

5　英語を勉強する時間がない。
　朝、例えば通勤電車の中で「1つのユニット」を暗記してください。そしてその英文をその日一日何回も言ってみてください。これなら特別に時間を設けることなく「英語慣れ」が実現します。

著者略歴

平山　篤
ひらやま　あつし

1955年山口県生まれ。山口大学卒業。
日産自動車勤務後、カリフォルニア州立大学留学。
現在、予備校等で英語指導。
著書に『CD BOOK 中学・高校6年分の英語を総復習する』『CD BOOK 中学・高校6年分の英単語を総復習する』『問題を解いて中学・高校6年分の英文法を総復習する』(ベレ出版) 等多数。

英文校閲
James Humphreys

CDの内容
- 時間…CD1：67分09秒　CD2：78分48秒
- ナレーション…Carolyn Miller、久末絹代
- 収録内容：全てのユニットの日本語フレーズ→ポーズ→英語のフレーズと全ての英語文

CD BOOK 簡単！楽しい！シンプル英会話練習帳

2015年　3月25日　初版発行

著者	平山　篤
カバーデザイン	原田　恵都子
カバー・本文イラスト	村山　宇希

©Atsushi Hirayama 2015. Printed in Japan

発行者	内田　真介
発行・発売	ベレ出版
	〒162-0832　東京都新宿区岩戸町12　レベッカビル
	TEL (03) 5225-4790
	FAX (03) 5225-4795
	ホームページ http://www.beret.co.jp/
	振替 00180-7-104058
印刷	株式会社　文昇堂
製本	根本製本株式会社

落丁本・乱丁本は小社編集部あてにお送りください。送料小社負担にてお取り替えします。

ISBN 978-4-86064-427-7 C2082　　　　編集担当　脇山和美

改訂合本 ネイティブの感覚で前置詞が使える

ロス典子 著

A5並製／本体価格 2400 円（税別） ■ 704 頁
ISBN978-4-86064-275-4 C2082

1999 年に 1 作目を発刊し、45000 部の大ヒットとなった『ネイティブの感覚で前置詞が使える』3 部作を、よりわかりやすく順序や内容を全面的に改定し一冊にまとめました。600 頁を超えるすべての頁が絵で構成され、3500 枚を超えるイラストをどんどん目にすることで、前置詞の核となるイメージとそのクライテリア（選択基準）を、ネイティブの子どもと同じプロセスで身につけることができるという画期的な内容です。

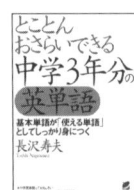

とことんおさらいできる中学 3 年分の英単語

長沢寿夫 著

四六並製／本体価格 1300 円（税別） ■ 320 頁
ISBN978-4-86064-250-1 C2082

中学 3 年間で習う英単語を、しっかり総ざらいできる本です。品詞ごとに、同じ単語の基本の意味と実用的な意味の両方を、問題を解きながら確認する章をメインに、前置詞についての解説と問題の章など、記憶に定着しやすいことを考えた構成になっています。まずは基本単語をしっかり身につけたいというやり直しの人から、中学生、高校生にもピッタリの、知っているだけでなく使える単語として身につけられる英単語問題集です。

中学・高校 6 年分の英単語を総復習する

平山篤 著

四六並製／本体価格 1800 円（税別） ■ 408 頁
ISBN978-4-86064-196-2 C2082

中学・高校で習った単語をおさらいするためには身についていない単語をはっきりさせることが重要。この本は単語を覚えることを目指しません。目指すものは、あくまでも日本文の内容をスムーズに英語で表現することです。そのトレーニングで頭を英語モードにしていきます。英文がスラスラ言えるようになったら、英単語が身についていること、つまり使いこなせるということです。